巷头年鉴

2015（创刊号）

东莞市大朗镇巷头社区　编

方志出版社
Publishing House of Local Records

图书在版编目（CIP）数据

巷头年鉴. 2015 / 东莞市大朗镇巷头社区编. —
北京：方志出版社，2015.12

ISBN 978-7-5144-1894-1

Ⅰ. ①巷… Ⅱ. ①东… Ⅲ. ①乡村—东莞市—2015—
年鉴 Ⅳ. ①Z526.55

中国版本图书馆CIP数据核字（2015）第312486号

巷头年鉴（2015）

编　　者：东莞市大朗镇巷头社区
责任编辑：刘方圆
出 版 人：冀祥德
出 版 者：方志出版社
地址　北京市朝阳区潘家园东里9号（国家方志馆4层）
邮编　100021
网址　http://www.fzph.org
发　　行：方志出版社发行中心
电话　（010）67110500
经　　销：各地新华书店
排　　版：东莞市正本电分制版有限公司
印　　刷：东莞市信誉印刷有限公司

开　　本：787 × 1092　　1/16
印　　张：10
字　　数：265千字
版　　次：2015年12月第1版　　2015年12月第1次印刷
印　　数：0001~2000册

ISBN　978-7-5144-1894-1　　**定　　价**：138.00元

编辑说明

一、2015年3月，巷头社区党工委、巷头社区居委会决定从2015年起编纂综合性村（居）年鉴——《巷头年鉴》。《巷头年鉴·2015》为创刊号，力求客观、全面、系统记述2014年巷头社区经济社会发展历程，为社会各界认识和了解巷头社区提供资料。

二、《巷头年鉴·2015》采用分类编辑法，主体内容设类目、分目、条目三个层次。条目为基本形式，其标题统一用黑体加【 】表示。

三、《巷头年鉴·2015》书前置彩色插页，正文首设特载——“中国毛织第一村”，突出反映巷头社区的毛织产业特色， 其后设“概览”“经济”“政治”“文化”“社会”“大事记”“附录”等类目，分类记述巷头社区概况。

四、《巷头年鉴·2015》载录的内容、数据分别由巷头社区各单位、部门提供、审核。照片分别由巷头社区、大朗镇人民政府办公室提供。

五、《巷头年鉴·2015》的编纂工作得到东莞市人民政府地方志办公室、大朗镇人民政府办公室、巷头社区党工委、巷头社区居委会的大力支持和全社区各单位、部门的积极配合，谨此致谢。编纂工作严把质量关，先后召开编目研讨会、评稿会、终审会，但由于编辑水平有限，书中若有疏漏之处，敬请批评指正。

幸福巷头　　朗办微言

扫描二维码　关注公众号

获取更多《巷头年鉴》资讯

《巷头年鉴》编纂委员会

名誉主任：潘朝明（东莞市人民政府地方志办公室主任）
　　　　　韩暖渠（中共大朗镇委员会委员）
主　　任：陈柱权（巷头社区党工委书记、居委会主任）
常务副主任：陈冠强（巷头社区党工委副书记、居委会委员）
副主任：陈钜宁（巷头社区党工委委员、居委会副主任）
　　　　陈金华（巷头社区党工委委员）
委　员：陈暖根（巷头社区党工委委员、居委会委员）
　　　　陈敬弟（巷头社区党工委委员、居委会委员）
　　　　陈锦照（巷头社区党工委委员）
　　　　陈杰芬（巷头社区党工委委员）

《巷头年鉴》审查单位、人员

审查单位：东莞市人民政府地方志办公室　《大朗年鉴》编辑部
审查人员：刘念宇　张德全　叶伟强　欧积德

《巷头年鉴》编辑部

策　　划：刘念宇　曾　悦
主　　编：陈柱权
执行主编：陈金华　陈杰芬　刘　丹
编　　辑：陈炜钦　陈源深　陈轩亮　陈均畴　陈巧红　陈建强　陈炽驹
　　　　　欧积德　刘苑文　李佳玲　傅淑君

《巷头年鉴》撰稿人员（按姓氏笔画为序）

叶李平　陈礼深　陈泰培　陈源深　陈均畴　陈巧红　陈根暖　陈就芬　陈荏华
陈志强（村志办）　陈志强（居委办）　陈志强（物管处）　陈树桃　陈沃坤
陈沃洪　陈汉明　陈仲良　陈建强　陈轩亮　陈伟强　陈妙芳　陈星延　陈钦容
陈俊良　陈亮明　陈炽驹　陈冠平　陈冠忠　陈桂宁　陈耀明　陈浩棋　陈惠光
陈惠良　陈锐钦　陈伟斌　陈丽红　岳勇辉　黄志结　韩玉婵　覃桂德　程马峰
傅伟义　赖莉君

目　录

图片专辑

中国毛织第一村

概　览

经　济

政 治

文 化

社　会

大事记

附 录

索引

大井头
竹山
巷尾
高英
黎贝岭
松山湖科技产业园
富康北区
富康南区
巷头社区居委会
巷头花园
巷头第一工业区
巷头第二工业区
巷头第三工业区
大朗汽车总站
万科金域松湖

巷头社区航拍图

寮步镇
Liaobu Zhen
松山湖高新技术产业开发区
东坑镇
东坑路
金朗北路
工业北路
万科金域松湖
中编印务有限公司
中编印刷厂
东莞明利钢材制品有限公司
高英加油站
兴业针织有限公司
南方加油
东莞佳都服装有限公司
茂荣集团
东莞茂志针织有限公司
东莞得宝五金制品有限公司
大朗机动车检测站
富士达针织有限公司
大朗汽车总站
颖祺轩西餐厅
鑫艺纺织拼纱厂
东莞市鑫利纺织服饰有限
南华实
食餐心酒楼
名辉商务酒店
巷头毛织文化公园
巷头毛织警务室
中国（大朗）毛织贸易中心
石桥街
银康路
富康路
富丽路
东莞市坚成毛纱线有限公司
大朗物流中心
中熙松湖国际
巷头花园
裕昌毛织厂
丰文针织有限公司
聚富花苑
环球广场
康丰路
东莞市君盈包装配料有限公司
永隆毛织厂
巷头大厦
锦泰织造厂
电商大厦
巷头社区居委会
广信织造厂
纺织世界
民丰路
织制衣厂
新伟业移动板房厂
市兴路十巷
兴祥毛织时装厂
汇盛针织时装有限公司
帝亚针织时装有限公司
黎贝岭综合市场
市兴路五巷
东莞大新橡胶制品有限公司
东明小学
市兴路一巷
农村商业银行
东盛钢材
市兴路
民兴北路
美新七巷
东莞贤林灯饰有限公司
东莞市翔兴针织有限公司
万通毛织厂
富丽西路 Fuli Xilu
力田针织有限公司
东路
巷尾 Xiangwei
金松针织有限公司
巷尾公园
链科技有限公司
众圣针织有限公司
巷尾文化广场
民源生毛织制衣有限公司
丰林针织厂
花园粥城
胜大针织制衣厂
大朗阳光中西医卫生站

巷头社区地图

大朗镇地图
MAP OF DALANG TOWN
巷头社区
巷头社区在大朗镇位置图
冰成（孙氏）针织时装有限公司
大成五金塑胶厂
旧园路
竹山
Zhushan
Jinlang Beilu
东莞市交通运输局
城兴橡塑料发泡厂
巷头警务室
巷头加油站
聚富西餐厅
永辉针织厂
时代酒店
福都花园
巷头毛织
文化广场
毛织街邮政所
豪华大酒店
广东毛织市场
永达利针织厂
日兴针织服装厂
广进毛织厂
广州专线配客点
业丰酒店
富华市场
中国农业银行
大朗兴业分理处
大井头新成区
黄松园
沙梨园
东莞市大朗医院
大朗毛织一厂
巷头学校
莞惠轨道交通
大朗派出所
巷头幼儿园
智源针织有限公司
Fuhua Beilu
巷头
Xiangtou
巷头路
富和购物广场
添得利毛织厂
巷尾老人活动中心
星光酒店
中国银行
东莞大朗榕树支行
巷尾皮带厂
得利针织厂
大朗环卫所
Changtu Donglu
供销社
商场
巷尾村富华西区
巷尾幼儿园
大井头蔬菜批发
大井头文

土地面积：约3.4平方公里
户籍人口：4514人
常住人口：近4万人
社区可支配财政收入：8023万元
社区经营性总收入：7357万元
社区经营性纯收入：4276万元
社区集体总资产：14.41亿元
规模以上工业总产值：34.28亿元
毛织工业总产值：12亿元
年销售毛衣：12亿件
毛织业上缴国家税收：5500万元

公园总面积：4.13万平方米
人均公共绿地面积：6.86平方米
教育：在校生4528人
教职工212人
参加社会保险：养老保险1666人
住院医疗保险3758人
失业保险2000人
工伤保险3504人

广东省
文明社区
中共广东省委
广东省人民政府
二○○七年十二月

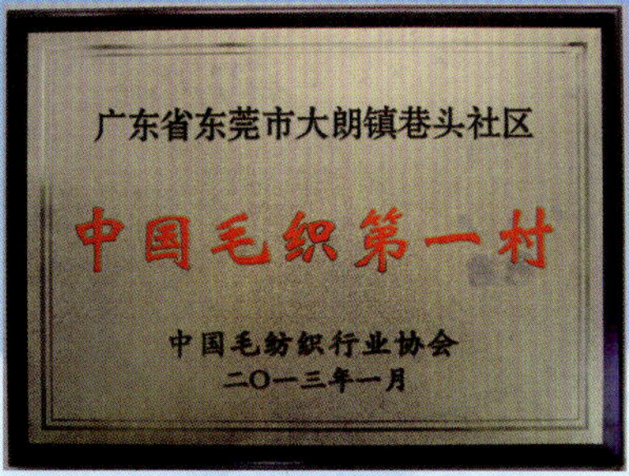
广东省东莞市大朗镇巷头社区
中国毛织第一村
中国毛纺织行业协会
二○一三年一月

东莞市大朗镇巷头村
广东省卫生村
广东省爱国卫生运动委员会
二○○三年十二月

文明标兵社区
中共东莞市委员会
东莞市人民政府
二○○六年二月

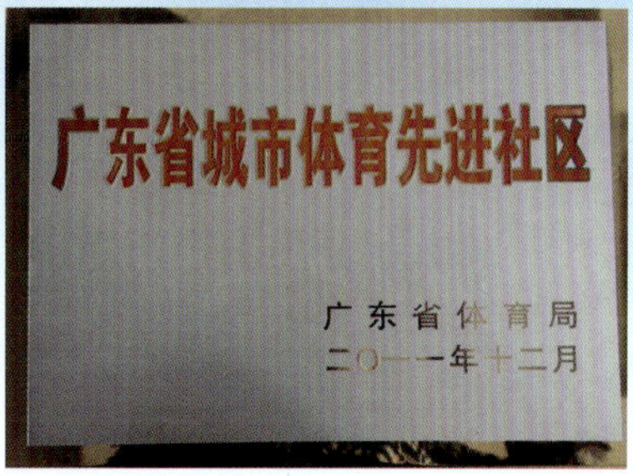
广东省城市体育先进社区
广东省体育局

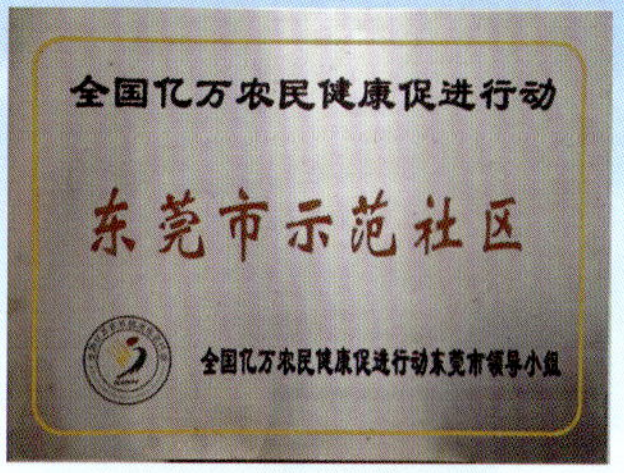
全国亿万农民健康促进行动
东莞市示范社区

文明村
中共东莞市委员会
东莞市人民政府
二○○二年二月

东莞市文化建设
达标村
中共东莞市委
东莞市人民政府
二○○四年十二月

东莞市固本强基工程
市级示范点

创先争优先进基层党组织
中共东莞市委员会
二○一二年七月

毛织街

现代化毛织车间

毛织服装生产

毛织服装生产

选料

先进的毛织机械设备

广东毛织市场

2014年11月6日，第十三届中国（大朗）国际毛织产品交易会开幕

第十三届中国（大朗）国际毛织产品交易会巷头社区展区

大朗电子商务产业中心

巷头毛织企业到美国参展

毛织交易会会场

中国大朗毛织贸易中心

毛织产品流行趋势馆

毛织服装时尚创意区

小模特风姿

2014“省长杯”服装设计专项赛（大朗毛织分赛区）

大朗镇2014年毛织风情文化节开幕式晚会

大朗镇2014年毛织风情文化节

第十三届中国（大朗）国际毛织产品交易会服装大赛决赛

2014—2015秋冬中国（大朗）毛织服装流行趋势发布会

中国（大朗）毛织服装设计大赛

2014年11月6日，中国纺织工业联合会会长王天凯（左一）出席第十三届中国（大朗）国际毛织产品交易会

2014年11月7日，广东省副省长招玉芳（前排右三）参观中国（大朗）毛织产品流行趋势馆，东莞市委副书记、市长袁宝成（前排右二）和副市长杨晓棠（前排右四）陪同调研

2014年8月20日，中国纺织工业联合会副会长张延恺（右四）参观环球贸易广场

2014年7月2日，东莞市委常委、市纪委书记戚优华（中）到大朗毛织价格指数中心调研

2014年11月8日，东莞市委常委、组织部部长甄瑞潮巡视第十三届中国（大朗）国际毛织产品交易会展场

2014年12月10日，东莞市委常委、统战部部长李小梅（前排右二）到巷头社区调研巷头花园建设情况

2014年11月10日，东莞市委常委、政法委书记邓志广（右二）到巷头社区调研警务室建设情况

2014年10月28日，东莞市人大常委会副主任王道平（中）到巷头社区调研巷头花园项目

2014年5月28日，大朗镇委书记胡浩举（右三）、镇委委员陈慧娟（左三）、镇委委员周浩森（右一）到巷头幼儿园调研

2014年9月10日，大朗镇镇长邓卫洪（左四）、镇委委员韩暖渠（左一）到巷头小学调研

2014年1月2日，巷头社区举行党工委揭牌暨新一届“两委”干部宣誓承诺仪式

2014年1月2日，巷头社区党工委揭牌

2014年3月21日，巷头社区举行“走近基层、问计百姓”活动

2014年5月12日，巷头社区举行农村党员群众路线主题学习培训会远程教育活动

2014年11月4日，巷头社区召开第三季度总结大会

巷头大厦（2015年1月1日,巷头党工委、巷头居民委员会由巷头路32号迁入富康路118号巷头大厦办公）

巷头——旧村整治

位于巷头社区的中国·大朗毛织贸易中心全景

巷头花园

纺织世界——毛织业研发、销售总部

松山湖大道大朗段与富康路交会处

巷头毛织文化广场

巷头社区富康路

①　喜庆堂和谐厅

②　巡海宫

③　巷头社区门楼

④　己逊陈公祠

巷头毛织文化公园

茂荣集团公司

环球贸易广场

东莞市中一合金科技有限公司

东莞市大新橡胶制品有限公司

巷头富康市场

位于巷头社区的大朗物流中心

华润生活超市

业丰大酒店

豪华酒店

时代酒店

雅悦酒店

① 2015年12月16日，东莞市大朗镇巷头社区年鉴评稿会召开
② 2014年8月13日，巷头社区、巷头小学举行“道德讲堂”暨一年级家长培训活动
③ 巷头农家书屋
④ 《巷头族谱》

2013年12月30日，巷头社区举行巷头花园全面封顶暨2014庆元旦文艺晚会

篮球培训

篮球馆

篮球比赛

巷头社区——东莞市木偶剧创作演出基地

巷头木偶剧团参加东莞市“文化惠民千场文艺演出进基层”演出

巷头木偶剧团木偶表演

木偶剧进校园活动

巷头木偶剧团到茶山镇南社社区演出

巷头木偶剧团参加广东省特色剧种学术研讨会

巷头木偶剧团在毛织风情文化节晚会演出

巷头社区舞龙表演

巷头社区舞狮表演

巷頭

XIANGTOU

中国毛织第一村

- 广东毛织市场
- 中国·大朗毛织贸易中心
- 第十三届中国（大朗）国际毛织产品交易会
- 获评“中国毛织第一村”

巷头毛织产业发展历程

【巷头社区概况】 巷头社区地处东莞市大朗镇中心区，毗邻松山湖、寮步镇、东坑镇等镇（园区）。截至2014年，区域面积约3.4平方公里，户籍人口4514人，是大朗镇毛织产业的核心区。巷头社区集体经济实力雄厚，排名全镇前列，2014年，经营性总收入7357万元，经营性纯收入达4276万元，集体总资产14.41亿元。截至2014年，巷头社区先后被评为“市文明村”“市文明标兵社区”“市文化建设达标社区”“固本强基工程市级示范点”“东莞市创先争优先进基层党组织”“全国亿万农民健康促进行动东莞市示范社区”“广东省文明社区”“广东省卫生村”“广东省城市体育先进社区”“中国毛织第一村”。

【巷头毛织产业起步】 巷头地处丘陵地带，20世纪70年代，家家户户都靠一分水田“刨食”。巷头村村民从小就跟着父母在农田里跑上跑下，过着起早贪黑的日子。那时年轻力壮的一级劳动力，一天下来也只有不到1元的工分。

巷头毛织产业的星星之火由市场的“无形之手”点燃，1979年，香港毛织产业开始向珠江三角洲等地转移。听说有一位香港人有意到东莞投资办毛织厂，时任巷头大队干部陈秋顺一行连夜赶往深圳。他们等了两天两夜，才把香港老板拉到巷头走了一圈。看到巷头的投资环境不错，香港老板即时签下合约，港商郑灶隆、屠恒、戴志光3人合力投资巷头第一家毛织厂——东莞大朗巷头志兴毛织厂。开办之时仅有16台机器，这也是大朗镇最早的“三来一补”（来料加工、来样加工、来件装配，补偿贸易）企业之一。随后，巷头引进第二家“三来一补”企业——巷头志兴针织厂。后几年，这家港资毛织厂又拆分为东莞大朗巷头志发织造厂（三厂）、东莞大朗巷头惠茂针织厂，工人多达600人。

志兴毛织厂起步之初，村民争先恐后进厂工作，由于人多，村民进厂既要领导批条子，也要香港师傅点头才行。挑选工人也有诸多条件，就连双手是粗还是细都成进厂要求，工人都是清一色的本地人。由几名香港师傅手把手地教工人操作机器，年轻人经过指点，很快成为驾轻就熟的拉机能手。当时，工人都是用手摇毛织机，每天工作10小时，按件计工资，不用到田里干粗重活，一个月还能赚到50多元钱，这收入比教师还丰厚。工厂开办改变巷头人的观念，能进到毛织厂上班，在当年看来算是很了不起的事情。

与此同时，越来越多的港资毛织企业到大朗镇落户，巷头里没有足够的厂房满足投资者的需求。村民小组成员陈生在挖地基建房子时，一位路过的香港人走上前来向陈生提议，建一栋四层楼的房子，建成后将房子租给他办毛织厂。这位香港人还拍着胸口说，如果不够资金，他可以注入一笔资金建房子，建成后以租金的形式返本。同样遇上过此类经历的，不仅只有陈生，当年只要大兴土木建房子的人都会遇上这类“说客”。到1993年，这种以投资抵租金建房的农户达到100多家。

【巷头毛织产业自立门户】 进入20世纪80年代中期，巷头的毛织厂里开始活跃起一批外来务工人员的身影，他们有的来自省内潮汕地区和紫金县，有的来自广西、湖南和四川。他们就如同当初的本地人一样，学拉机、学缝盘、学打毛等。随着毛织产业务工人员的增多，一些在厂里打拼多年的本地人则渐渐走出工厂，打起自己创业的算盘。

这时，国家政策开始放宽，允许有能力的人办执照开工厂，一些在厂里工作多年的巷头人，积累一定资金，开始办厂创业。他们利用在港资毛织厂打工学会的生产技术和管理经验，自己购置手摇织机，从港资厂拉回纱线，办起各种各样的“兄弟档”“夫妻店”“父子厂”等家庭作坊式毛织厂。由十几家慢慢发展到几百家，巷头的毛织产业逐渐形成。当时巷头总户数1109户，而个体私营毛织企业就有200多家。

【巷头毛织产业发展壮大】 20世纪80年代后期，大朗镇发动群众积极发展民营经济，召开个体、私营工商业户代表大会，提高群众认识，让群众放心、大胆发展民营经济。此外，还对民营经济给予政策支持，在申办牌照、用水、用电及税收、银行贷款等方面给予优惠照顾。

进入20世纪90年代，巷头的毛织厂遍地开花，10户巷头人就有8户开毛织厂，每个角落都是织机声，形成“户户织机响”的生产格局。当年只要大家有一点闲钱，都会不断地增加毛织机的数量，资金充足的买新机器，资

中国（大朗）国际毛织产品交易会

金少的则买二手毛织机。这些毛织厂基本上是家庭式小作坊，普遍是“兄弟档”“夫妻店”“父子厂”，规模小，且以手摇毛织机为主。那时，全国各地的买家都聚集在巷头的广东毛织市场提货，看中哪一款毛衫就直接下单，现金交易。

白天毛织市场交易热闹，晚上巷头也是一番“不夜天”的景象。一些做内销单的毛织商户，通常在晚上加班加点赶订单。由于从买毛线到编织、发货给小厂染色，这一流程忙下来已是夜幕降临时刻，为了赶在第二天早上及时发货，毛织商户不得不让工人连夜烫衫、打包。他们的生活作息时间完全与常人相反。

1992年是巷头毛织产业发展的一个转折点。邓小平发表的南方讲话，极大鼓舞港商及外商的投资信心，乘着这股东风，巷头毛织产业获得较大发展。到20世纪90年代中期，巷头民营毛织企业逐渐成熟，原来只有十几、二十几台或四五十台织机的毛织户，发展为拥有上百台乃至数百台毛织机的毛织大户，在市场销售、产品开发、技术开发等环节开始占据优势，逐步取代原港资企业的地位，一些大的民营毛织企业，甚至取代原港资企业的行业龙头地位，发挥开拓市场、开发产品、树立品牌等作用，在国内外建立起颇具规模的生产体系和销售网络，有的企业还组织一二百家中小企业为其进行生产配套。

随着大量港资毛织企业进入巷头，为满足投资需求，当时的巷头管理区、各生产队、村民建起大量厂房，建起20多家毛织加工企业。1992年春节前后，巷头毛织工业大发展，巷头毛织企业购买近30辆“庆铃”牌1.5吨客货两用车，用来运送毛料及设备，一时轰动大朗镇和周边地区。

1992年，大朗镇的毛织工厂大幅增加，外来人口大量涌入。时任巷头管理区的党支部书记陈植华和管理区主任陈柏森审时度势，到大朗镇和有关部门争取广东毛织市场落户巷头管理区，为日后巷头毛织产业发展打下坚实基础。

“哪里有冬天，哪里就有巷头毛衣。”成群发展的毛织企业，既引来内蒙古、新疆、黑龙江等地的原料商在此安营扎寨，更催生一个集毛衣生产、辅料、机械、洗水、漂染、印花、交易等较为完善的行业体系。1992年，在俄罗斯商人定货3000打羊毛衫的第一笔定单后，巷头毛衣开始漂洋过海走向世界。

进入21世纪，随着巷头民营毛织业实力的壮大，港资企业逐步退出，由原来的40多家下降至10多家，民营毛织企业不仅完成对港资企业的消化吸收，而且把巷头的毛织业推向更快、更高的发展水平。2003年，巷头村拥有民营企业300多户，毛织产业从业人员2万多人，每年生产各种毛织品6000万件套，产品远销欧美30个国家。巷头村成为大朗毛织产业集群中毛织企业最多、产业链最完整的区域。涌现出兴业针织有限公司等代表性企业，该公司在1987年刚起步时，只是1家仅有8台织机、10多个工人的小厂，到2008年，成为拥有建筑面积2万多平方米的厂房，员工1200余人，年产毛衣超400万件，其生产的“天朗”“纪帆登”品牌毛衣不仅走销国内市场，而且在欧美和中国港澳等地区享有盛誉。

【巷头毛织产业转型升级】1991年，巷头毛织企业生产一件毛衫可以赚10～13元，随着工厂越来越多，持续打低价战，到1996年，利润缩减到5～6元。进入21世纪，随着原材料价格上涨、省外毛织市场崛起，毛织生意越来越难做。毛织产品开始过剩，赊账的买家逐渐增多，毛织厂招工也越来越难。一件毛衫保持着2元的利润，毛织商户才能勉强地支撑下去。

由于经营日趋艰难，早期靠开毛织厂创业的巷头人，一拨又一拨地关停自家的小作坊，大部分本地人逐渐退出毛织舞台。一些资本雄厚的小企业家，也开始盘算转型创业。从2005年起，受到原材料和劳动力成本持续增加、国内外市场竞争激烈的影响，巷头毛织产业面临着极大挑战，以加工生产为主要形式的产业结构，也面临转型升级的关键时期。巷头社区结合产业特点、资源优势和雄厚基础，提出加快推进毛织产业实现“两大转变”，即从产品经营向品牌经营转变、从生产基地向区域集散中心转变（2008年调整为从生产基地向现代毛纺织商贸城转变），引导毛织企业向规模化、集约化、国际化发展。

从2005年开始，大朗镇政府开始鼓励毛织企业“机器换人”，巷头一些毛织业开始试水机械化生产。颖祺实业有限公司是其中的代表企业，是东莞最大的毛织企业之一。2001年起，该公司陆续将织片、缝盘等劳动密集型前整工序转移到内陆城市，公司本部重点保留研发设计、品质监管和营销管理等后整工序，构筑起劳动密集型工序外包外产、公司总部统筹协调的生产体系，实现公司的区域性调控，促进公司资源的区域整合。至2008年，该公司通过直接输出生产设备、管理人员、技术人员等，投资5000万元在内陆城市设立分工厂11家，其中广东1家、广西3家、贵州2家、四川1家、重庆4家，配置手摇针织机5000多台，吸纳劳动力5000多人。公司本部原有手摇针织机2000多台，基本转移到各分厂，只剩下200多台，主要作为设计打板及承接散单之用。总部占地面积5.34公顷，建筑面积12万平方米，投资总额3亿元，有员工2300人，是一家集成衣设计、纺纱、毛衣印花、针织成衣生产等一体化经营的毛织企业，年产毛衣1400万件。该公司的“人工账”透露：一台先进的电脑织机，在同样的1个小时里，工作效率等于传统手摇织机的2.5倍；一名工人只能操作一台手摇织机，但可以同时掌控8台数控织机。由此算来，一台机器相当于20个熟练工人。通过设备升级，该公司的生产能力从一个月40万件提升到180万件。生产工具带动生产力的进步，从手摇织机到数控织机，巷头毛织产业正实现转型升级。2008年3月26日，中共中央政治局委员、广东省委书记汪洋到东莞调研企业转型升级工作，专程视察巷头社区的颖祺实业有限公司。

同时，巷头社区把数控织机的生产销售作为产业链的重要组成部分来抓，协助企业向政府申请购买数控织机补贴及融资服务，培育一批数控织机生产和销售企业，吸引11家数控织机生产企业落户，国内外60家从事数控织机生产、销售以及售后服务的企业在巷头设有销售总部，德国“STOLL”和日本“岛精”作为行业最尖端的数控织机生产商，就在巷头设立全球一级销售部。数控织机企业的集聚，完善并延伸着巷头的毛织产业链，标志着巷头的毛织产业转型和升级在新型数控织机、新技术的引进方面，进入集聚发展的阶段。

截至2009年，巷头的数控织机还不足1万台。2010年，大朗镇政府出台奖励办法，对毛织企业购买数控织机进行奖励，数控织机开始在巷头大规模引进，极大提高毛织企业的生产效率。以往，一个工人只能操作一台手摇横机，实现机械化后，一个人可操控6～8台数控织机，如果赶上生产的高峰期，实行三班倒，数控织机可24小时不间歇运作。尝到机械化发展的甜头后，数控织机在巷头得到普及，2011年，巷头社区上规模的10多家毛织企业，也靠购置进口电脑编织机、增强研发能力以应付来自国内外不稳定的市场因素。

2013年，大朗镇政府再次制定出台扶持政策，安排2亿元财政资金资助企业，推动工业机器人智能装备产业的发展及实体企业的转型升级。2014年，为推动毛织产业向研发、销售两端发展，巷头社区一方面着力招引以研发设计为主的优质企业，提升集群水平，另一方面以电商大厦为依托，构建电商发展平台，打造“中国毛织电商第一村”，也以“工改工”项目招引电商、物流等上规模、实力强的大型企业，为毛织产业做好配套发展，形成毛织、电商、物流紧密对接、优势互补、共赢发展的良好态势。

截至2014年，巷头社区有毛织企业3489家（规模以上毛织企业25家），从业人数6万人（规模以上毛织企业7000人），拥有数控织机总量超过4万台，毛织工业产值12亿元（占工业总产值66.67%），年销售毛衣超过12亿件，上缴税收5500万元。

巷头毛织产业规模

【巷头毛织产业单体规模】
截至2014年，巷头社区毛织产业经过近30年的发展，毛织企业数量不断增加、规模不断壮大，有规模以上毛织企业25家，年产毛衣200万件的毛织企业8家。

【巷头毛织产业集群规模】
20世纪90年代末，巷头村从事毛织行业的个体私营业主有近1000户，形成以其为中心，涵盖常平、东坑、黄江镇等周边地区的拥有近万家毛织企业的产业集群，集研发设计、生产加工、原料辅料、机械设备、物流贸易、人才培训、科技服务、信息咨询等一条龙的产业配套。2008年，巷头社区拥有毛织生产企业2000多家，数控织机4000多台，从业人员约7万人，中高级设计师1000多人，技术骨干1万多人；毛衣60%出口意大利、美国等80多个国家和地区，毛织的主力企业在国际市场都有相对稳定的客户关系、相对稳定的销售数额，灵通的信息网络，快速的市场反

2014年巷头社区主要规模以上毛织企业表

表1

企业名称	始建年份	占地面积（公顷）	建筑面积（平方米）	员工（人）	工业总产值（万元）	上缴税收（万元）
东莞市颖祺实业有限公司	2005	0.8	40000	1800	53000	1600
东莞市颖和祺服饰有限公司	2006	0.8	40000	1500	53000	1600
东莞茂志针织有限公司	2002	0.8	40000	1300	49000	1500
东莞市富士达针织有限公司	1995	0.1	3800	300	8800	260
东莞市环宇织造有限公司	2002	0.2	6000	300	8200	260
东莞市中澳针织制衣有限公司	2006	0.2	10000	130	4500	140
东莞市兴业针织有限公司	1995	0.2	8000	450	4500	140
东莞市轩蒂毛织有限公司	2009	0.15	3000	180	4000	125
东莞市鹏信毛织有限公司	2009	0.1	3000	55	3800	120
东莞市向日葵针织有限公司	2011	0.1	3000	35	2700	98
东莞市柏达毛织有限公司	2009	0.15	4500	70	3000	95
东莞市乐裕针织制衣有限公司	2011	0.2	6000	90	2800	85
东莞市代表作服饰有限公司	2008	0.1	3000	30	2500	85
东莞志发织造有限公司	2011	0.3	9000	50	2500	80
东莞市群昌毛织有限公司	1995	0.1	3000	60	2500	80
东莞市冠昕针织服装有限公司	2011	0.2	6000	55	2300	75
东莞市振宇织造有限公司	2005	0.15	4000	200	2100	70
东莞市众汇针织有限公司	2005	0.3	6000	40	2200	70

2014年巷头社区纳税超300万元毛织企业表

表2　　单位：万元

企业名称	营业收入	纳税额
东莞市颖和祺服饰有限公司	51534.95	8760.94
东莞市颖祺实业有限公司	51486.19	8752.65

续表2

企业名称	营业收入	纳税额
东莞茂志针织有限公司	47450.78	8066.63
东莞市富士达针织有限公司	8285.50	1408.53
东莞市环宇织造有限公司	7579.54	1288.52
东莞市美佳纺织原料有限公司	5019.47	853.31
东莞市兴业针织有限公司	4214.28	716.42
东莞市鹏信毛织有限公司	3490.51	593.39
东莞市柏达毛织有限公司	2723.05	462.92
东莞市乐裕针织制衣有限公司	2560.21	435.24
东莞志发织造有限公司	2407.05	409.20
东莞市代表作服饰有限公司	2353.25	400.05
东莞市群昌毛织有限公司	2321.23	394.61
东莞市振宇织造有限公司	2038.25	346.50

应机制。截至2014年，巷头拥有数控织机总量超过4万台，整个毛织产业集群毛衣年销售量超过12亿件，毛织工业产值12亿元，上交国家税收5500万元；而工人却由最高峰的约9万人减少到6万人。巷头毛织业强大的现代化生产能力，吸引“POLO”“袋鼠”“金利来”等10多个世界顶级品牌和“鄂尔多斯”“杉杉”等20多个国内名牌在巷头生产，巷头成为国际毛织产品的研发生产、流通集散、价格发现、质量认证、时尚展示、信息发布中心之一，成为重要的毛织产品外贸采购基地。

【巷头毛织商贸区】 20世纪90年代初期，巷头毛织产业形成气候，巷头人意识到：流通跟不上生产，没有一个像样的买卖市场，不可能做大毛织市场。20世纪90年代中期，大朗镇发动群众积极发展民营经济，对民营经济给予政策支持，在申办牌照、用水、用电及税收、银行贷款等方面给予优惠照顾。1995年，坐落在巷头的广东毛织市场开业，这是当年广东省最大的毛织产品及原料集散地；2003年12月，中国·大朗毛织贸易中心建成。富康路、富华北路、毛织西路、富丽路等毛织特色街区也迅速在广东毛织市场和大朗毛织贸易中心周边地区崛起，形成以巷头社区为中心的大朗镇毛织商贸核心区。截至2014年，巷头社区有主要毛织厂66家，主要毛织公司67家。

巷头毛织产品生产

【巷头毛织产品生产概况】 20世纪90年代末，巷头从事毛织业的个体私营业主有近1000户，形成年生产4000万至5000万件（套）毛织制品的规模。21世纪初，毛织企业总数达到2000多家，年产毛织产品超亿件，形成毛织产业集群和完善的产业配套。从2009年起，巷头的毛织企业着力推进研发设计、质量检测、人才培训、信息咨询、展销物流、融资服务等公共服务平台的建设，引导毛织企业增强研发设计能力、品质监管能力、市场营销策划能力，为整个产业的发展提供坚实的保障。

【巷头毛织生产设备】 从20世纪70年代末到90年代初期，巷头毛织业户拥有的机械织机中，大多是手摇织机，其生产效率低，且成本重，附加值低。1984年前后，为适应市场激烈竞争的需要，一些毛织业户购置半自动毛织机，1个工人可同时负责2～3台机，生产效率大大提高。

随着生产的发展，1992年，数控织机开始进入巷头，2005年起，巷头积极鼓励企业引进数控织机代替传统机械织机，进行数字化设计、数字化生产，提高生产效率和产品质量，企业大规模地更新设备。2005年购置489台，2006年购置726台，2007年购置1670台，2008年购置数控织机1300多台，不仅提高劳动生产效率，而且减少人口管理压力。到2014年，巷头拥有数控织机总量超过4万台。

2014年巷头社区年产量超200万件的毛织企业表

表3　　单位：万件

序号	企业名称	毛衣年产量	序号	企业名称	毛衣年产量
1	东莞市颖和祺服饰有限公司	1350	6	东莞市兴业针织有限公司	350
2	东莞茂荣实业有限公司	1300	7	东莞市富士达针织有限公司	245
3	东莞市颖祺实业有限公司	1294	8	东莞市乐裕针织制衣有限公司	230
4	东莞茂志针织有限公司	1178	9	东莞市柏达毛织有限公司	210
5	东莞市环宇织造有限公司	403	–	–	–

2014年巷头社区主要毛织厂表

表4

企业名称	地址	成立日期
东莞大朗巷头永辉针织厂	巷头社区秧塘街18号	1992.10.7
东莞市大朗治源毛织厂	巷头社区神前塘南二巷6号一楼	2013.10.14
东莞市大朗润金毛织厂	巷头社区沙梨园一区二十七号二楼	2014.8.13
东莞市大朗睿馨毛织厂	巷头社区沙梨园一区5号	2014.11.25
东莞市大朗禄鑫毛织厂	巷头社区企岭一巷8号8-2	2014.9.9
东莞市大朗维新毛织厂	巷头社区企岭二巷1号	2014.10.29
东莞市大朗金驰毛织厂	巷头社区毛织一街73号2楼	2014.7.25
东莞市大朗安居毛织厂	巷头社区毛织一街11号	2014.6.11
东莞市大朗志光毛织厂	巷头社区林岭一区99号	2014.7.16
东莞市大朗鑫业毛织厂	巷头社区林岭一区67号	2014.11.27
东莞市大朗旭欣毛织厂	巷头社区朗松街8号	2014.7.28
东莞市大朗杰森毛织厂	巷头社区朗美一街46号	2014.11.24
东莞市大朗鹏兴毛织厂	巷头社区朗美一街43号	2014.11.20
东莞市大朗健辉毛织厂	巷头社区朗美二街58号	2014.11.7
东莞市大朗新团毛织厂	巷头社区康丰路80号	2014.9.23
东莞市大朗瑾萱毛织厂	巷头社区黄松园二区44号	2014.7.25
东莞市大朗浚立毛织厂	巷头社区黄松园二区40号B	2014.12.24
东莞市大朗君朗毛织厂	巷头社区豪华大酒店宿舍一楼铺位8号B	2014.6.16
东莞市大朗翔鹏毛织厂	巷头社区富康一街88号	2013.9.10
东莞市大朗和记毛织厂	巷头社区富康一街75号	2014.7.9
东莞市大朗潮密创艺毛织厂	巷头社区富康一街68号之21号	2014.6.26
东莞市大朗富麟毛织厂	巷头社区富康一街10号	2014.11.6
东莞市大朗卓毅毛织厂	巷头社区富康三街532号	2013.9.12
东莞市大朗登丰毛织厂	巷头社区富康三街29号	2014.12.2
东莞市大朗颖鹏毛织厂	巷头社区富康三街12号	2013.8.20
东莞市大朗颖卓毛织厂	巷头社区富康三街11号	2013.9.3

续表4

企业名称	地址	成立日期
东莞市大朗润缘毛织厂	巷头社区富康南一巷53号	2014.6.26
东莞市大朗忠佳毛织厂	巷头社区富康南一巷52号	2014.6.10
东莞市大朗鼎荣毛织厂	巷头社区富康南一巷42号	2014.11.28
东莞市大朗金钰毛织厂	巷头社区富康南五巷41号	2013.7.17
东莞市大朗桂钦毛织厂	巷头社区富康南四巷26号	2013.10.17
东莞市大朗聪誉毛织厂	巷头社区富康南四巷25号	2013.8.5
东莞市大朗麦毛溢毛织厂	巷头社区富康南三巷39号	2013.10.23
东莞市大朗聪越毛织厂	巷头社区富康南三巷26号	2013.7.10
东莞市大朗聪宏毛织厂	巷头社区富康南三巷20号	2013.7.19
东莞市大朗应中毛织厂	巷头社区富康南三巷10号	2014.11.14
东莞市大朗贵友电脑毛织厂	巷头社区富康南七巷25号	2013.10.8
东莞市大朗聪欣毛织厂	巷头社区富康南七巷20号	2013.8.19
东莞市大朗君妮毛织厂	巷头社区富康南路十三巷25号4楼	2014.10.24
东莞市大朗景坤毛织厂	巷头社区富康南六巷47号	2014.8.25
东莞市大朗欧帆毛织厂	巷头社区富康南六巷22号	2013.9.30
东莞市大朗毅卓毛织厂	巷头社区富康南六巷21号	2013.9.18
东莞市大朗明瑞毛织厂	巷头社区富康南六巷20号	2013.8.6
东莞市大朗蕊卓毛织厂	巷头社区富康南六巷16号	2013.8.29
东莞市大朗聪卓毛织厂	巷头社区富康南二巷26号	2013.8.2
东莞市大朗颖乐毛织厂	巷头社区富康南八巷36号	2013.8.23
东莞市大朗增鑫毛织厂	巷头社区富康南11巷14号	2014.10.15
东莞市大朗瑞泰毛织厂	巷头社区富康路233号大朗毛织贸易中心B-016档	2014.6.25
东莞市大朗彤兴毛织厂	巷头社区富康路233号大朗毛织贸易中心1-B137	2014.7.9
东莞市大朗世源毛织厂	巷头社区富康二街B栋一楼7号	2014.6.11
东莞市大朗善欣毛织厂	巷头社区富康二街35号	2013.11.4
东莞市大朗狮旅毛织厂	巷头社区富康二街33号	2013.10.12
东莞市大朗康君毛织厂	巷头社区富康二街27号	2013.10.18
东莞市大朗颖诚毛织厂	巷头社区富康二街23号	2013.8.22
东莞市大朗毅诗毛织厂	巷头社区富康二街13号	2013.9.25
东莞市大朗黄虎毛织厂	巷头社区富康二街10号D	2014.9.24
东莞市大朗桃果毛织厂	巷头社区富康北一巷14号	2014.6.10
东莞市大朗纤丽缘毛织厂	巷头社区富康北十巷15号	2014.6.13
东莞市大朗金叶毛织厂	巷头社区富康北三巷20号	2014.7.25
东莞市大朗梦以绮毛织厂	巷头社区富康北区五巷5号三楼	2014.6.26
东莞市大朗楚淇碧语毛织厂	巷头社区富康北区五巷5号	2014.6.17
东莞市大朗益龙毛织厂	巷头社区富康北路3巷17号	2013.11.5
东莞市大朗登虹毛织厂	巷头社区富康北大松园街3号后门	2014.11.25

续表4

企业名称	地址	成立日期
东莞市大朗峰华毛织厂	巷头社区第一工业区3号银河科技园	2013.9.3
东莞市大朗炫绮毛织厂	巷头社区大松园街24号	2014.12.31
东莞市大朗思菲迪毛织厂	巷头社区兵巷二区61-6	2014.7.24

2014年巷头社区主要毛织公司表

表5

企业名称	地址	成立日期
东莞市茂志针织有限公司	巷头社区富康路328号	2002.9.3
东莞市环宇织造有限公司	巷头社区秧塘街2号	2002.9.24
东莞市兴业针织有限公司	巷头社区金朗北路113号	1995.5.28
东莞市志发织造有限公司	巷头社区富康一街167号	2011.7.13
东莞市柏达毛织有限公司	巷头社区石桥街20号	2009.3.30
东莞市圣海服饰有限公司	巷头社区富康二街194号	2011.11.11
东莞市星旗针织有限公司	巷头社区富康二街68号	2012.4.5
东莞市乐裕针织制衣有限公司	巷头社区企岭一巷3号	2011.5.6
东莞市凯盛针织制衣有限公司	巷头社区秧塘街12号	2012.4.17
东莞市海韵服饰有限公司	巷头社区银朗北路102号二楼	2014.11.25
东莞市优酷服饰有限公司	巷头社区银康街61号1～2楼	2014.1.6
东莞市五号工场服饰有限公司	巷头社区银康街29号	2014.1.14
东莞市卓烨服饰有限公司	巷头社区石桥街68号	2013.8.23
东莞市织衣坊服饰有限公司	巷头社区沙头街33号二楼	2014.4.9
东莞市上下服饰有限公司	巷头社区沙步头区125号	2014.11.6
东莞市彬建服饰有限公司	巷头社区沙步头115号	2014.7.8
东莞市港桑服饰有限公司	巷头社区毛织贸易中心二楼D区029	2014.10.31
东莞市铭针服饰有限公司	巷头社区朗松街60号	2014.5.12
东莞市妮思服饰有限公司	巷头社区康丰路146号A座五楼	2014.3.20
东莞市玉衣服饰有限公司	巷头社区金朗北路371号	2014.5.4
东莞市均衡服饰有限公司	巷头社区金朗北路293号	2013.12.31
东莞市语辰服饰有限公司	巷头社区富康一街71号二楼	2014.8.29
东莞永源服饰有限公司	巷头社区富康一街6号	2014.5.15
东莞市唐富服饰有限公司	巷头社区富康三街50号	2014.7.17
东莞市滕明飞服饰有限公司	巷头社区富康南一巷36号	2014.9.22
东莞市恩尚服饰有限公司	巷头社区富康南五巷40号	2014.10.17
东莞市蓝迪针织服饰有限公司	巷头社区富康南五巷39号二楼	2014.3.14
东莞市锦鑫服饰有限公司	巷头社区富康南四巷51号	2014.11.25
东莞市益加益服饰有限公司	巷头社区富康南十一巷十八号	2014.7.31
东莞市正祥服饰有限公司	巷头社区富康南十巷39号	2014.4.23

续表5

企业名称	地址	成立日期
东莞市织客服饰有限公司	巷头社区富康南十三巷24号四楼	2014.3.28
东莞市永记服饰有限公司	巷头社区富康南十二巷32号	2014.10.20
东莞市华创服饰有限公司	巷头社区富康南三巷48号	2014.9.30
东莞市恒烨服饰有限公司	巷头社区富康南区六巷12号1～2层	2014.6.17
东莞市桓泰服饰有限公司	巷头社区富康南路四巷8号	2014.5.23
东莞市玉华服饰有限公司	巷头社区富康南路十巷十五号	2014.7.30
东莞市正欣服饰有限公司	巷头社区富康南六巷33号	2014.10.24
东莞市锦汉服饰有限公司	巷头社区富康南九巷五号五楼	2014.7.7
东莞市宏芳服饰有限公司	巷头社区富康南九巷19号	2014.7.3
东莞市德云服饰有限公司	巷头社区富康南二巷54号	2014.10.8
东莞市铭博服饰有限公司	巷头社区富康南八巷十六号	2014.11.3
东莞市以勒服饰有限公司	巷头社区富康南9巷42号	2014.12.22
东莞市元鑫服饰有限公司	巷头社区富康南12巷16号	2014.8.4
东莞市冠昊服饰有限公司	巷头社区富康路大朗毛织贸易中心三楼3-B062号	2014.7.30
东莞市配对服饰有限公司	巷头社区富康路237号兴业华庭B1-605	2014.9.25
东莞市德雅服饰有限公司	巷头社区富康路233号毛织贸易中心1-A014档	2014.7.15
东莞市双顺服饰有限公司	巷头社区富康路233号大朗毛织贸易中心三楼3-C037、3-C038号	2014.8.21
东莞艾勾勾服饰有限公司	巷头社区富康路233号大朗毛织贸易中心三楼3-B041号	2014.12.5
东莞市路鑫服饰有限公司	巷头社区富康路233号大朗毛织贸易中心2-B116	2014.10.10
东莞市祺欣服饰有限公司	巷头社区富康路233号大朗毛织贸易中心2-B006、007商铺	2014.4.17
东莞市朵菲服饰有限公司	巷头社区富康路233号大朗毛织贸易中心1-C157	2014.7.17
东莞市尚艺服饰有限公司	巷头社区富康路233号大朗毛织贸易中心1-085号	2014.4.4
东莞市名觉服饰有限公司	巷头社区富康路199号香华里花园7栋办公613号房	2014.6.26
东莞市慧丰服饰有限公司	巷头社区富康路127号后门一楼	2014.8.19
东莞市思米妲服饰有限公司	巷头社区富康二街四号之一	2014.5.19
东莞市祥玉服装服饰有限公司	巷头社区富康二街78号	2014.9.16
东莞市俪珑服饰有限公司	巷头社区富康二街132号	2014.3.8
东莞市思宝服饰有限公司	巷头社区富康北七巷3号三楼	2014.7.21
东莞市顺荣服饰有限公司	巷头社区富康北七巷16号二楼	2014.7.4
东莞市皓瑞服饰有限公司	巷头社区富康北路一巷18号二楼	2014.12.17
东莞市雅帝服饰有限公司	巷头社区富康北路二巷7号	2014.9.29
东莞市隆迪服饰有限公司	巷头社区纺织路4街1号	2014.10.23
东莞市志杰服饰有限公司	巷头社区大松园街52号	2014.11.6
东莞市三羊服饰有限公司	巷头社区大松园36号	2014.6.19
东莞市彩颖服饰有限公司	巷头社区大朗毛织贸易中心1-C149A	2014.11.13
东莞市依伦服饰有限公司	大井头社区第二工业区顺兴四路24号	2014.5.14
东莞市异彩服装服饰有限公司	蔡边村富民中路535号	2014.3.25

生产车间

编织设备

代表企业有兴业公司等；童装所占比例约为5%，代表企业有环宇公司等。

巷头毛织产品在起步阶段以生纱（晴纶）为主，许多人就是靠生纱赚到第一桶金。从1990年代开始，逐渐发展为以丝光棉、哑光人造丝、水晶丝、假三七、假五五、真三七、真五五、花灰棉、包芯纱、兔绒、粘棉混纺、天柔纱、半精纺、羊绒、羊毛，以及各种花式纱，如珍珠纱、羽毛纱、蜈蚣纱、带子纱、段然纱、AB纱、结子纱、大肚纱、圈圈纱等。

随着人们生活水平的大幅提高，2006年起，天然彩棉、环保产品、羊绒棉尼龙混纺、羊毛棉尼龙混纺、丝光羊毛、丝光防缩羊毛、丝光防缩抗起球羊毛、仿羊绒、兔毛、兔绒、兔绒混纺、兔毛混纺、马海毛、羊驼毛、美利奴羊毛、雪兰毛、牛绒毛、羊仔毛、烧毛棉、高扭棉、人造棉、气流纺棉、粘丝、亚麻、大麻、苎麻、涤纶、安纶、金银线、纤维素纤维、莫代尔、桑蚕丝、绢丝高科技产品和各种混纺产品等逐渐成为巷头毛织产业的应用主流。

【巷头毛织产品种类】　截至2014年，巷头毛织产品主要为针织服装，以生产女装毛衣为主，按适用年龄可分为少女装、少妇装、中老年装等，产品款式包括开衫、套衫、背心、短大衣、长大衣、连衣裙、套装、晚装、长裤、中裤、围巾、帽子、披肩、手套、护腿、毛袜、毛裤袜、手袋等。女装所占比例约为80%，代表企业有颖祺、众圣公司等；男装所占比例约为15%，

【巷头毛织产品品牌打造】　20世纪80年代，巷头的民营毛织业处于孕育时期，许多个体和私营毛织户，主要以“来料加工”形式，接单加工生产毛织品。产品呱呱落地，就是“自己的孩子

2014年巷头社区毛织名牌、名标企业表

表6

称号	获评年份	企业名称	产品名称	注册商标
广东省著名商标	2004	东莞市兴业针织有限公司	针织毛衫	纪帆登
广东省名牌产品	2007	东莞市颖祺实业有限公司	休闲服装	W&K
广东省名牌产品	2008	东莞市环宇织造有限公司	针织毛衫	Y.L.S.B

跟别人的姓”——做贴牌生产，替别人做嫁衣裳。进入20世纪90年代，一些具备一定生产规模的民营毛织户，开始向自行设计、生产，自行把产品推向国内外市场的阶段转变。2004年，东莞市兴业针织有限公司的针织毛衫商标“纪帆登”获评广东省著名商标；2007年，东莞市颖祺实业有限公司生产的“W & K”休闲服装获评广东省名牌产品；2008年，东莞市环宇织造有限公司生产的“Y.L.S.B”商标针织毛衫获评广东省名牌产品；这些名牌品牌毛织产品，吸引不少采购商慕名而来。至2008年，巷头有80%至90%的毛织企业都能够顺应国际市场毛织服装的时尚潮流，织出的毛衣时尚化、四季化，进一步拓宽国际市场。

巷头毛织专业市场

【广东毛织市场】 位于巷头社区毛织西街8号，占地面积1.2公顷，建筑面积2.8万平方米。1994年，东莞市工商行政管理局、大朗工商分局和巷头管理区共同投资建起一栋毛织商品大厦（广东毛织市场），与毛织有关的店铺逐渐向毛织商品大厦聚拢。1995年10月开业，是中国大型的毛织品成衣市场之一，2001年承办了第一届广东（大朗）毛织产品展示会。市场主体建筑商铺300多间，商户以销售成品毛衣为主，年销售毛衣2000多万件，年销售额达3亿多元。

【中国·大朗毛织贸易中心】 位于巷头社区富民路与富康路交汇处，是由东莞市兴业针织有限公司、东莞市南华实业有限公司、东莞市成丰实业投资有限公司、东莞市华轩针织制衣有限公司4家民营毛织企业合股投资兴建的。该贸易中心于2003年4月动工，同年12月竣工，总投资4亿元，占地7.53公顷，建筑面积12万平方米，三层共设有711个铺位，分时尚精品区、品牌展贸区、企业展示厅、打版中心及各种市场配套区，配套建设有2万平方米商业广场、大型LED彩色显示屏及600多个停车位。从2003年开始，该贸易中心成为一年一度的中国（大朗）国际毛织产品交易会的主会场。为使商铺的布局更合理，该贸易中心从2008年7月20日开始对场内B、C区进行改造，总体规划是B、C区一层以小型毛衣批发商为主，二层以毛衣订单商为主，原A、D区一、二层以大型毛商与原材料、辅料为主，三层则全部为毛织时尚创意区。是年9月，B、C区开始重新招商，10月改造基本完成，11月2日重新开业。改造后，贸易中心的商铺总数达到1463间。

【大朗纺织创意产业中心（纺织世界）】 位于巷头社区康丰路旁，紧邻大朗物流中心，总用地面积8.27公顷，总建筑面积18.5万平方米。有16栋研发楼。包括五层研发楼10栋，六层研发楼4栋，二层研发楼、十七层办公楼各一栋。为毛织科研设计用地，主要用于毛织技术的研发及其展销，通过毛织技术的进步促进毛织产业的转型升级，园区包括技术研发、创意孵化、公共平台服务区以及公共服务配套等四大功能区域以及各类金融、产品检测、人才培训等各类服务配套设施。

【巷头毛织一条街】 由广东

广东毛织市场

巷头毛织一条街

毛织市场延伸形成巷头路、毛织西路、富华北路、富康路、富丽路等毛织一条街，总长约6.5公里。这片区域，较为集中的毛织工业区域面积达6平方公里。形成巷头销售基地、产销中心，批发零售贸易加工“一条龙”综合服务，来自国内外的宾客如云。

【巷头毛织专业街】 截至2014年，巷头毛织专业街有11条，主要是机械、原料、辅料、成衣的销售企业以及毛织后整企业。其状况如下：

毛织机械一街：位于银朗北路，长1300米，有43家机械店。

毛织机械二街：位于金朗中路，长1000米，有40家机械店。

毛织原料一街：位于富康路，长1600米，有85家原料店。

毛织原料二街：位于富华北路，长1100米，有168家原料店。

毛织原料三街：位于神塘街，长200米，有45家原料店。

毛织原料四街：位于巷头路，长1600米，有168家原料店。

毛织辅料一街：位于毛织西路，长300米，有94家辅料店。

毛织辅料二街：位于富华北路，长450米，有20家辅料店。

毛织成衣一街：位于毛织东路，长200米，有11家成衣店。

毛织成衣二街：位于沙头街，长300米，有19家成衣店。

毛织后整街：位于毛织一街，长250米，有78家后整店。

毛织产品交易会

【巷头社区毛织企业参加毛织交易会概况】 截至2014年，一年一届的中国（大朗）国际毛织产品交易会（简称织交会），先后在巷头社区举办12届（加上第一届的广东省（大朗）毛织产品展示会共13届），完成从“展示会”到“交易会”，从“形象展”向“贸易展”的转变，实现从“地方性”走向“全国性”再到“国际性”的跨越。巷头社区的毛织企业得地理优势，社区（村）颖祺、环宇、兴业公司等知名企业，每年都会踊跃组团参加这个一年一度的毛织业盛会，巷头的参展企业展位、到会人数、接获订单、成交金额等都居大朗镇各社区（村）之首。同时，从2002年开始，巷头社区（村）每年都会组织重点毛织企业参加其他国内外有影响力的专业展会。

【巷头社区毛织企业参加第一届广东（大朗）毛织产品展示会】 2001年12月11日至13日，由东莞市大朗镇人民政府和东莞市服装服饰行业协会主办的第一届广东（大朗）毛织产品展示会在巷头村广东毛织市场举办，这是大朗镇毛织业的首次集体亮相。设展位500多个，参展企业330家，接待海内外客商和专业观众近20万人次，意向交易金额2亿多元。

巷头村内21家毛织企业的10多位老板和近200名技术人员参加这次展会，巷头村组织党员代表和村民代表约100人参观学习。展会期间，举办了2001年全国毛针织新原料、新技术研讨；第一届中国（大朗）毛织服装模特大赛；大朗毛织业发展研讨会等活动。

【巷头社区毛织企业参加第二届中国（大朗）国际毛织产品交易会】 第二届中国（大朗）国际毛织产品交易会于2003年12月13日至17日改在新落成的中国·大朗毛织贸易中心举办。主题为“搭建毛织品贸易平台，展示羊毛衫名镇风采”，并提出了建设毛织产品交易中心和集散中心的规划。本届“织交会”设展位848个，参展企业500多家，吸引30万人次入场参观，其中专业采购商5万多人次，累计成交额21.3亿元。

巷头村内30多家毛织企业的老板和近200名技术人员参加这次展会，巷头村委会组织党员代表和村民代表约100人参观学习。

展会期间，举办了中国毛针织企业高峰论坛、“大朗杯”首届全国高等院校服装知识邀请赛、服装设计专场演讲会、“兴锋杯”首届中国（大朗）毛织服装设计大赛、“薏莎杯”第二届中国（大朗）毛织服装模特大赛等活动。

【巷头社区毛织企业参加第三届中国（大朗）国际毛织产品交易会】 2004年10月18日至22日，由中国毛纺织行业协会和东莞市人民政府主办的第三届中国（大朗）国际毛织产品交易会，以“展示形象、交流经验、促进合作”为主题，突出贸易特色，赋予展会文化内涵，确立公司“国际化、市场化”的办展理念。大朗毛织业的“洼地”效应和聚集效应开始显现。本次“织交会”设展位1631个，来自近20个国家和地区的600多家企业参展，接待海内外来宾近32万人次，交易额达26.5亿元。

巷头社区内颖祺、环宇、兴业公司等28家毛织企业的老板和近150名技术人员、工人参加这次展会，巷头居委会组织党员代表和居民代表约100人参观学习。

展会期间，举办第三届中国

第三届中国（大朗）国际毛织产品交易会

（大朗）毛织服装模特大赛、第二届中国（大朗）毛织服装设计大赛、毛织服装品牌发布会等活动。

【巷头社区毛织企业参加第四届中国（大朗）国际毛织产品交易会】 2005年10月19日至23日，由中国国际贸易促进委员会纺织行业分会、中国毛纺织行业协会和东莞市人民政府主办，以大朗镇被列为广东省创建区域国际品牌试点单位为动力，创建“大朗毛织”区域品牌，贯彻“市场化、专业化、品牌化、国际化”的办会宗旨，提高办展水平和办展效益，积极与国际大展会的操作接轨。本届“织交会”设展位1800多个，有36万人次进场参观或开展商贸活动，意向成交额达28.9亿元。巷头社区内颖祺、环宇、兴业等毛织企业展出的展位有8处约150平方米。展位的工作人员40多人。这些工厂的老板和近150名技术人员、工人参加这次展会，巷头居委会组织党员代表和居民代表约120人参观学习。

“织交会”组委会还积极邀请和联络包括欧洲、印度、北美等国家和地区的专业采购商组团前来参观、采购和进行经贸洽谈。展会期间举办了第四届中国（大朗）毛织服装模特大赛、“英伟杯”第三届中国（大朗）毛织服装设计大赛和毛织服装品牌发布会等活动。

【巷头社区毛织企业参加第五届中国（大朗）国际毛织产品交易会】 2006年10月14日至18日，由中国毛纺织行业协会、中国国际贸易促进委员会纺织行业分会和东莞市人民政府主办，展会进一步强化“专业、商贸、交流、提升”的主题，继续突出“对外特色”和融入“时尚元素”。本届“织交会”设展位近2000个，参展商约600家。

巷头社区内颖祺、环宇、兴业等毛织企业展出的展位有9处约140平方米。展位的工作人员36人。这些工厂的老板和近100名技术人员、工人参加这次展会，巷头居委会组织党员代表和居民代表128人入场参观学习。

为推进毛织业转型升级，加快公共服务平台建设，本届“织交会”开幕之际，在中国大朗毛织贸易中心挂牌成立公司中国（大朗）毛纺织产品研发中心、广东省质量监督毛织品检验站（东莞）、东莞市毛纺织行业协会、东莞市毛织服装设计师协会、东莞市毛纺织技术创新中心、大朗镇质量技术监督工作站。展会期间还举办第五届中国（大朗）毛织服装模特大赛、第四届中国（大朗）毛织服装设计大赛和毛织服装品牌专场发布会等活动。

【巷头社区毛织企业参加第六届中国（大朗）国际毛织产品交易会】 2007年10月18日至22日，由中国国际贸易促进委员会纺织行业分会、中国毛纺织行业协会、东莞市人民政府主办，秉承“强化毛织服装产业集群，优化毛织上下游产业链，打造毛织生产研发基地，建设毛织时尚发布中心”的宗旨，以“市场化、国际化、时尚化、规范化”为特点，推动“织交会”实现“三个转变”，并提升展会的专业化和国际化水平，在内容、形式、规模及展会活动组织等方面有突破，特别是在参展品牌和专业观众的组织方面实现历史性的跨越，迈出“织交会”转型的第一步。本届展会设1个主会场、3个分会场，汇集先进的毛针织生产技术、尖端的毛针织机械产品、新潮的毛针织服装款式，为参展的海内外企业打造产品展示和技术交流的平台。参展商来自德国、瑞士、澳大利亚、日本、韩国等13个国家和中国香港、中国台湾地区，有超过5万名来自海内外的专业买家到场参观采购，并进行一系列商贸活动。

巷头社区内颖祺、环宇、兴业公司等毛织企业展出的展位有7处135平方米。展位的工作人员28人。这些工厂的老板和近90多名技术人员、工人参加这次展会，巷头居委会组织党员代表和居民代表150人入场参观学习。

本届展会上，还举办首届中国（大朗）国际毛织服装流行趋势发布会、第五届中国（大朗）毛织服装设计大赛、中国毛针织服装高层论坛—毛纺集群创新与国际商道开拓，以及香港智能针织科技有限公司、澳大利亚羊毛发展公司等多场企业技术推介会和知识讲座等。

【巷头社区毛织企业参加第七届中国（大朗）国际毛织产品交易会】 2008年11月2日至5日，第七届中国（大朗）国际毛织产品交易会由中国国际贸易促进委员会纺织行业分会、中国毛纺织行业协会、东莞市人民政府主办。本届“织交会”在国际金融危机影响日益加剧、全球经济陷入衰退的恐慌中、国内毛纺织业受到严重冲击的背景下，精心策划和组织实施了会展、论坛、大赛、发布会等一系列活动，突出在内容、形式、规模和成效等全面提升的特点，为广大毛织行业企业搭建全方位交流合作平台。第七届“织交会”吸引国内外专业买家超过5万人次，主要来自国内服装品牌公司500多家、各省总代理商400多家，国内主要大城市30多个大型专业批发商，全国180余家大型商场采购团等，包括鄂尔多斯北京女装总代理、鹿王湖南总代理等国内大型代理商；杭州衣香丽影、江南布衣、深圳影儿、广州名豪等国内著名品牌公司；新疆乌市边疆的贸易商、大连晟翔高桥进出口贸易、韩国投资外贸部、马来西亚贸易商等大型贸易商；武汉白马、哈尔滨经博、郑州银基、株洲市场、安徽白马、广州白马、上海友谊服饰商厦、杭州四季青、常熟九龙等集群批发城组织的商户，以及来自俄罗斯、意大利、法国、南非、巴基斯坦、埃及、韩国等30多个国家和地区2000多人次。

巷头社区内颖祺、环宇、兴业等毛织企业展出的展位有6处135平方米。展位的工作人员24人。这些工厂的老板和近90多名技术人员、工人参加这次展会，巷头居委会组织党员代表和居民代表160人进入展会参观学习。

“织交会”期间，组委会举办了2008年中国（大朗）国际毛织服装流行趋势发布会、“织城锦绣·首善篇”开幕式电视晚会、主题为“中国毛针织业——在变革中前行”的高层论坛、“英伟杯”第六届中国（大朗）毛织服装设计大赛总决赛、“突破束缚·亮剑09外贸型企业如何进军中国市场大型讲座”、10亿元产业升级专项资金解读及国际保理融资推介会、2008年东莞零售论坛等活动。

【巷头社区毛织企业参加第八届中国（大朗）国际毛织产品交易会】 2009年11月1日至5日，第八届中国（大朗）国际毛织产品交易会举办。2000多家参展企业亮相展会，来自美国、意大利、法国等30个国家和地区的采购商，以及国内品牌公司、专业市场优秀代理商、加盟商纷纷赴会掘金，展会首日即吸引专业采购商3.8万人次进场。

中国（大朗）国际毛织产品交易会现场

巷头社区内颖祺、环宇、兴业等毛织企业展出的展位有9处180平方米。展位的工作人员36人。这些工厂的老板和近100多名技术人员、工人参加这次展会，巷头居委会组织党员代表和居民代表178人进入展会参观学习。

【巷头社区毛织企业参加第九届中国（大朗）国际毛织产品交易会】 2010年10月30日至11月2日，第九届中国（大朗）国际毛织产品交易会举行。本届中国（大朗）国际毛织产品交易会以“合作·共赢”为主题，由中国毛纺织行业协会、中国国际贸易促进委员会纺织行业分会、东莞市人民政府共同主办。

4天展会，喜迎15万名客商；近百家专业采购团、两场产销对接会推动火热采购;数控织机交易火爆；多场论坛研讨、时尚盛典次第登场。本届“织交会”在专业性、国际性、贸易性等方面有突破，新技术、新产品、新潮流涌现，参展商、采购商、专业观众人数达新高。展会期间举办“2010中国（大朗）国际毛织服装流行趋势发布会”“第八届中国（大朗）毛织服装设计大赛”“高峰论坛”“企业与客商对接会”活动。

巷头社区内颖祺、环宇、兴业、南华等毛织企业展出的展位有7处145平方米。展位的工作人员28人。这些工厂的老板和近100多名技术人员、工人参加这次展会，巷头居委会组织党员代表和居民代表156人进入展会参观学习。

【巷头社区毛织企业参加第十届中国（大朗）国际毛织产品交易会】 2011年11月2日至5日，第十届中国（大朗）国际毛织产品交易会由东莞市人民政府、中国国际贸易促进委员会纺织行业分会、中国毛纺织行业协会主办。

以“加快资源集聚·优化产业结构”为主题，在中国·大朗毛织贸易中心设立主会场，在广东毛织市场、富康路、富华北路、银朗北路设立4个分会场。与110届广交会第三期（纺织服装类）同期开幕。

4天来织交会接待专业客商5万多人次，首次举办的跨国毛织专业买家采购会成交意向金额达660万美元，中国超市联合采购对接会下单交易300万元、意向成交1500万元。

巷头社区内颖祺、环宇、兴业、南华等毛织企业展出的展位有6处120平方米。展位的工作人员24人。这些工厂的老板和近100多名技术人员、工人参加这次展会，巷头居委会组织党员代表和居民代表156人进入展会参观学习。

【巷头社区毛织企业参加第十一届中国（大朗）国际毛织产品交易会】 2012年11月3日至5日，在主会场中国·大朗毛织贸易中心举行，并在广东毛织市场、富康路、富华北路和银朗北路4个分会场同时启动。

经过连续多年的成功举办，“织交会”初步实现从形象展向贸易展的转变。

织交会主会场中，纪帆登、颖和祺、莉姿奥、印象草原、英伟、QQ、宝迪莱丝、依菲拉、卷卷毛、麦尔特、F1000等众多大朗镇内名牌名标服装企业悉数亮相；为了加强与上海友谊商城、广州新大地、杭州四季青等国内重点批发市场的合作，广邀意大利、法国、俄罗斯、西班牙、匈牙利、芬兰等欧洲国家，以及南非、美国、韩国等国及中国香港地区的专业客商；展会期间，3场“毛织服装专业买家采购对接会”的举办也通过现场“一对一洽谈”的方式，为企业带来直接订单。

巷头社区内颖祺、环宇、兴业、南华等毛织企业展出的展位有9处160平方米。展位的工作人员36人。这些工厂的老板和近200多名技术人员、工人参加这次展会，巷头居委会也开始在展览区

第十二届中国（大朗）国际毛织产品交易会

第十二届中国（大朗）国际毛织产品交易会巷头社区展区

第十三届中国（大朗）国际毛织产品交易会巷头社区展区

第十三届中国（大朗）国际毛织产品交易会

设立自己的专属展位，请专业公司布置展位展板，拍摄和播放巷头的广告宣传片，并印发纸质版宣传单，同时向观众和客商免费赠送印有“巷头”字样的毛织背心400件。组织社区的党员代表和居民代表进入展会参观学习。

【巷头社区毛织企业参加第十二届中国（大朗）国际毛织产品交易会】 2013年11月12日至15日，第十二届中国（大朗）国际毛织产品交易会由东莞市人民政府、中国国际贸易促进会纺织行业分会、中国毛纺织协会主办，东莞市大朗镇人民政府、东莞市毛纺织行业协会承办。东莞市毛织服装设计师协会、东莞市大朗商会、东莞市大朗电子商务协会、中国（大朗）毛纺织产品研发中心协办。

巷头社区内颖祺、环宇、兴业、南华等毛织企业展出的展位有11处200平方米。展位的工作人员44人。这些工厂的老板和近200多名技术人员、工人参加这次展会，巷头居委会在自己的专属展位上方醒目处打出“中国毛织第一村”标记，请专业公司布置展位展板，拍摄和播放巷头的广告宣传片，并印发纸质版宣传单，同时向观众和客商免费赠送印有“巷头”字样的毛织背心500件。组织社区的党员代表和居民代表进入展会参观学习。

【巷头社区毛织企业参加第十三届中国（大朗）国际毛织产品交易会】 2014年11月6日至11日，以“时尚织城美丽大朗”为主题的第十三届中国（大朗）国际毛织产品交易会在巷头社区举办。

巷头社区内颖祺、环宇、兴业公司等毛织企业展出的展位有11处，约200平方米。展位的工作人员约44人。这些工厂的老板和近200多名技术人员、工人参加这次展会。巷头居委会在巷头社区专属展位上方醒目处打出“中国毛织第一村”标记，请专业公司布置展位展板，拍摄和播放宣传片，并印发图文并茂的名片（宣传单），同时向观众和客商免费赠送印有“巷头”字样的毛织背心500件。银河、杰发、柏达等3家毛织公司也在巷头社区的展位展出各自的产品。

公共服务平台共享

【公共服务平台共享概况】 随着毛织业的发展壮大和市场竞争的日趋激烈，大朗镇加强对毛织业发展的引导、扶持，建设和完善公共服务平台，为毛织业提供强有力的公共服务体系支撑，保持大朗毛织业市场竞争优势。2006年起，大朗镇加快推进毛织业从产品经营向品牌经营转变，从生产基地向现代毛纺织商贸城转变，完善研发设计、质量检测、展销物流、人才培训、信息咨询、融资服务等公共服务平台。截至2014年，位于巷头社区的大朗镇毛织产业研发设计平台有：中国（大朗）毛纺织产品研发中心、东莞市毛织服装设计师协会，质量检测平台：广东省质量监督毛织品检验站（东莞），展销物流平台：中国·大朗毛织贸易中心、大朗（国际）物流中心、中国（大朗）国际毛织产品交易会，人才培训平台：大朗职业中学毛织专业班、西安工程大学产学研合作基地，信息咨询平台：毛织产品交易会专题网、大朗毛织网、东莞市毛纺织行业协会，融资服务平台：东莞市远大信用担保公司。巷头的毛织企业充分利用和共享这些公共服务平台，促进毛织企业提升研发设计、品质监管、营销策划能力，把巷头的毛织企业做强做大。

【中国（大朗）毛纺织产品研发中心】 2002年12月19日，国家纺织产品开发中心花式纺线技术研发中心大朗工作站设立。2006年，投资1000多万元，在位于巷头村的大朗毛织贸易中心三楼建设中国（大朗）毛纺织产品研发中心，一期占地700平方米，是年10月14日挂牌成立，2007年10月18日投入使用。聘请香港著名设计师陈娟担任设计总监、副主任，拥有设计师3人，其他专业技术人员10人。

巷头的颖祺、环宇、兴业、众圣等毛织企业都派出技术人员先后参加该中心举办的10余场针对企业品牌、营销、设计的专业培训讲座，每年还参与举办毛织服装设计大赛、毛织服装网上设计大赛、流行趋势发布等，开拓巷头毛织设计技术人员的视野，提高设计工艺水平。

【东莞市毛织服装设计师协会】 2006年10月14日，东莞市毛织服装设计师协会在位于巷头村的大朗毛织贸易中心三楼挂牌，由广东省副省长佟星等领导揭牌。巷头村的毛织企业占地理之先，派出设计技术人员参加协会定期开展的学术交流、职业培训，开展外出考察等系列活动，通过这些活动启迪设计师创作灵感，提高协会的凝聚力，更好地为巷头毛织企业服务。

【广东省质量监督毛织品检验站（东莞）】 2006年，经广东省质量技术监督局批准，大朗镇投资1200多万元在位于巷头村的毛织贸易中心三楼建设广东省质量监督毛织品检验站（东莞），占地面积近3000平方米。是年10月14日挂牌成立，2007年9月底运行。该检测站的承办单位是东莞市大朗镇人民政府，主要由东莞市质量计量监督检测所运作，主要为东莞市及周边地区的毛织企业提供科学、权威、公正的检测服务。

从2006年至2014年，巷头社区的毛织企业生产的毛织产品每年都要通过这个检测平台的检测，以提高产品质量，打造更多的名优产品。

【中国·大朗毛织贸易中心】 （详见“巷头毛织专业市场”分目）

【大朗（国际）物流中心】 位于巷头社区。大朗（国际）物流中心与中国·大朗毛织贸易中心相配套，总投资1亿元，总建筑面积5.67万平方米，共有商铺89间，于2005年开业。截至2014年，该物流中心驻满，进驻企业包括高开集团、华宇集团、环城托运公司等国内大型货运公司，工作人员1300多人，车辆日流量1100多台，日货运量1万多吨。其中毛织品年运货量35.6万吨，占8.8%。巷头的毛织产品一般都是通过这些展销平台来展示和推介。

【中国（大朗）国际毛织产品交易会】 （详见“毛织产品交易会”分目）

【大朗职业中学毛织专业班】 2006年9月，大朗职业中学开设全市第一个毛织专业——

毛织设计与管理专业，也是全省唯一的毛织专业。大朗镇把该校作为本土毛纺织专业人才的重要培训基地，建成2个电脑织机室，配置82套毛织专业电脑，建立1个毛织展览室、1个服装设计室、1个成衣展示室和1个毛织前整后整室，投资200多万元。截至2014年，培养毛织专业人才2300多人，其中巷头社区32人。

【西安工程大学产学研合作】 2007年10月19日，大朗镇与西安工程大学签订产学研合作协议，发挥高等学校科技创新优势和人才优势，促进地方产业与高校资源的有效对接，推动大朗毛织业结构调整和转型升级。之后，各项合作陆续展开。2008年11月2日，在中国（大朗）毛纺织产品研发中心揭牌成立大朗（西安工程大学）博士生创新基地。截至2014年，该校为大朗镇培训毛织专业人才250人，其中巷头社区15人。

【毛织产品交易会专题网】 2006年，大朗毛织产品交易会专题网（http://zjh.dalang.gov.cn）建立，包括展会介绍、热点新闻、历届回顾、同期活动、参展企业、参展指南、参观指南、客户服务、领导关怀、展览课堂等10个栏目，推介包括巷头在内的大朗毛织产业，月平均访问量6万人次，打造永不落幕的“织交会”。

近年来，巷头的毛织企业的技术人员充分利用“毛织产品交易会专题网”提供的信息资源，拓宽全球毛织生产的视野，提升巷头企业毛织技术水平。

【大朗毛织网】 2006年10月，大朗毛织网站（www.maozhi.com.cn）建立，向包括巷头在内的毛织企业提供资讯查询、供求发布、企业推介、产品展示、展会公告、人才招聘、合作交流等信息服务，日访问量达5000人次以上。

近年来，巷头的毛织企业的技术人员充分利用“大朗毛织网”提供的信息资源，拓宽视野，提升巷头企业毛织技术水平。

【东莞市毛纺织行业协会】 2006年9月29日，东莞市毛纺织行业协会成立，由位于巷头村的东莞市兴业针织有限公司董事长陈锡培任会长。该协会积极配合政府部门，办好一年一届的“织交会”，并为毛织企业提供咨询、培训、交流等服务。截至2014年，巷头社区毛织企业参加协会的会员有17人，组织会员企业赴外参展、参观考察、培训学习，以及参加各类讲座、研讨会、座谈会等活动120人次。

【东莞市远大信用担保公司】 2003年1月22日，大朗镇成立全市第二家民营担保公司——东莞市远大信用担保公司，注册资金1亿元，为企业提供融资担保服务，支持企业技术改造、设备更新和研发设计。

毛织文化

【巷头毛织文化公园】 巷头毛织文化公园（原巷头体育公园）竣工于2007年5月，总面积2.33公顷，建筑面积2000平方米，登山路径长3公里，宽1.5米。内设休闲公园、1个标准比赛篮球馆、1个室外篮球场、2个羽毛球场、1条健康路径、4个乒乓球台等。2014年，将室内篮球场改建成能容纳1500人的标准比赛篮球馆。

【巷头毛织文化广场】 2012年，巷头毛织文化广场投入使用。广场占地面积9500平方米，舞台面积280平方米，专业管理人员1名，每年演出12场。同时聘请专职舞蹈人员在毛织文化广场对新莞人进行广场舞教学，每

巷头毛织文化公园

晚参与跳广场舞的村民和外来务工人员人数达1000多人，丰富巷头的群众文化生活。

【巷头社区参加大朗镇历届毛织风情文化节概况】 毛织风情文化节是大朗镇为扩大毛织文化的社会影响力，打造特色文化活动品牌，传承和发展毛织文化艺术而举办的大型文化系列活动。它的前身是创办于2001年的大朗镇文化艺术节，2008年更名为大朗镇毛织风情文化节，到2014年举办13届。

巷头是大朗镇毛织风情文化节的主办地。每年的大朗镇毛织风情文化节，巷头的毛织企业和员工都会踊跃参加，一睹文艺演出的精彩，感受毛织文化艺术的魅力。巷头村也密切配合，排练狮舞、麒麟舞，展示巷头非物质文化遗产——木偶剧，还组织巷头村的业余文艺团体——朗声粤剧团上台献演粤剧。

【巷头社区参加大朗镇2009年毛织风情文化节】 2009年毛织风情节由大朗镇人民政府和东莞日报社联合主办，于9月11—18日举行，活动多达30项活动，分为《长盛中国，魅力大朗》《织城锦绣，魅力大朗》两大版块。活动以产品展销、产品推介为企业和商家的产品提供营销和咨询的平台；以地方文化和民间艺术为主线，传承本土文化，聚集人气。巷头社区表演的狮子麒麟舞深得观众好评。

【巷头社区参加大朗镇2010年毛织风情文化节】 2010年大朗毛织风情文化节于10月28日至11月5日举行，期间上演东莞市非物质文化遗产体验日、街头涂鸦、毛织服装技能大赛、毛织模特秀晚会等10多项商贸文化活动，展示大朗风土人情和岭南民间艺术，以及大朗毛织产业发展过程中所形成的地方特有的风俗习惯。其中，毛织服装技能大赛以现场实际操作的方式进行，内容包括毛织服装设计、毛织服装吓数单制作、毛织服装工艺（缝盘）、电脑花型设计、织片和手摇织机织片等5项。巷头社区积极参加。

【巷头社区参加大朗镇2011年毛织风情文化节】 2011年大朗毛织风情文化节于10月27日至11月3日举行，活动主要由三大块组成：开幕式、群众性文艺展演活动、毛织系列活动等。巷头村的朗声粤剧团演出粤剧折子戏。

【巷头社区参加大朗镇2012年毛织风情文化节】 2012年大朗毛织风情文化节于11月3日至7日举行，活动主要有第十一届中国（大朗）国际毛织产品交易会暨毛织风情节开幕式电视晚会、2012年织城街头艺术暨非遗体验日等。

毛织风情文化节

巷头木偶戏表演

毛织风情文化节上，模特秀、手工编织擂台赛、原创歌曲大赛与大朗传统的龙舞、巷头村的麒麟舞和东莞市唯一的非物质文化遗产——巷头木偶戏等联袂演出，内容丰富、形式多样，并富有地方特色，为“织交会”营造浓厚的文化氛围，达到品牌文化与毛织贸易相互融合的效果。

【巷头社区参加大朗镇2013年毛织风情文化节】 2013年中国民间艺术节暨大朗镇毛织风情文化节由中国民协与广东东莞大朗镇共同主办，主题为“织城梦想·魅力绽放”，11月12日至16日举行。开幕式晚会上，宣布大朗镇获评为“中国毛织文化艺术之乡”。

先后举办10项活动，其中有“中国毛织文化艺术之乡”创建活动、中国民间艺术节暨大朗镇毛织风情节开幕式晚会、“荔乡新貌”摄影比赛、“我是民星”才艺大赛、大朗毛织艺术作品展、模特秀专场演出、社区文艺精品展演等，巷头龙狮团的精彩的演出引来观众一阵阵掌声，为织交会增添浓浓喜气。

【巷头社区参加大朗镇2014年毛织风情文化节】 2014年大朗毛织风情文化节于11月6日在主会场毛织贸易中心广场举办。巷头村通过非物质文化遗产——木偶剧等项目展示和毛织行业摄影作品展、毛织艺术作品展览等10多个文化活动，为广大市民上演一场好戏。同时，组织参加“织城杯”粤港澳狮王争霸邀请赛，获得金奖。

【“发现精彩·东莞印象”微摄影大赛走进巷头】 2014年4月28日，由东莞市文联、东莞

“中国毛织文化艺术之乡”授牌仪式

大朗镇2014年毛织风情文化节

大朗镇2014年毛织风情文化节开幕式晚会上，大朗镇委副书记、镇长邓卫洪从中国民协分党组成员、副秘书长周燕屏手中接过“中国编织艺术传承基地”牌匾

报业传媒集团、东莞市摄影家协会主办，大朗镇文联、大朗镇文广中心、大朗镇巷头社区协办的东莞电信杯“发现精彩·东莞印象”微摄影大赛走进“中国毛织第一村”巷头社区，东莞摄影爱好者尽情发现“毛织村之美”。

【百余影友聚焦“毛织第一村”】 2014年6月29日至30日，中国摄影家协会北京摄影函授学院深圳分院第24期摄影专修班百余名学员，走进“中国毛织第一村”大朗镇巷头社区举办教学活动。

学员除了在教室里聆听讲座外，还分组走入巷头社区的大街小巷，用镜头记录下“中国毛织第一村”的独特风貌。在采风过程中，巷头社区广场舞、木偶表演、毛织生产车间、农民公寓等成为学员的聚焦点。

【“中国毛织第一村——巷头”视频拍摄】 2014年6月，巷头社区邀请东莞市根源广告有限公司拍摄一部时长9分钟的宣传视频“中国毛织第一村——巷头”，让观众能通过图像了解真实的巷头：这是一片希望涌动的宝地——中国毛织产业发源地；这是一条享誉全国的村庄——中国毛织第一村；一个从崛起到腾飞的织梦之乡，经过30余年的毛织产业发展路，正绽放绚丽，织就发展新蓝图。

【毛织名片制作】 2014年11月，为了宣传扩大“中国毛织第一村”的影响力，巷头社区制作一张图文并茂的名片（宣传单）摆放在第十三届中国（大朗）国际毛织产品交易会巷头的展位内，由工作人员向参观者派发。名片内容丰富，色彩鲜艳，版面活跃，深得观众好评。

重点毛织企业

【香港茂荣集团公司】 1992年成立，旗下有东莞市颖祺实业有限公司等大型企业，是一家集纺织、设计、生产、出口贸易、国内营销等为一体的大型集团公司。

该集团公司总部设在香港，其中展览室展示欧洲及美国新款设计超过1000款。同时，在印尼、孟加拉国等国家和广东、云南、贵州、四川、重庆、湖南及江西等国内多个省份有多家公司和分厂。

主要销售市场分布：美国和加拿大占50%，欧洲占40%，其他市场占10%，集中生产中低价位男装、女装、童装针织成衣，主要品牌有美国的“JCPENNY”“LANEBRYAN”“GUESS”“HAGGAR”；欧洲“FIOLIA”“PEACOCKS”“YAYA”“MKONE”“GEORGE”。

【东莞市颖和祺服饰有限公司】 2003年成立，是香港茂荣集团公司旗下一家子公司。作为专业设计、研发、生产、销售“W&K（颖和祺）”品牌针织内衣内服饰产品的大型服装生产企业，在东莞市大朗镇巷头社区拥有占地面积5.33公顷，建筑面积8.5万平方米的现代化标准厂房，拥有员工超2000人。2014

香港茂荣集团公司

东莞市颖祺实业有限公司

年，毛衣生产能力达1350万件以上。

【东莞市颖祺实业有限公司】　2005年11月成立，是香港茂荣集团公司旗下子公司，位于巷头毛织工业城。占地面积53.33公顷，建筑面积12万平方米，投资总额3亿元。是一家集成衣设计、纺纱、毛衣印花、针织成衣生产等一体化经营的毛纺织企业。截至2014年，有员工2300人，年产毛衣1400万件套。

从2007年3月开始从日本和德国引进电脑编织机，至2013年有800多台投入生产。2008年3月26日，中共中央政治局委员、广东省委书记汪洋专程到该公司视察。

该公司拥有注册商标“W&K”，品牌产品被评为“广东省名牌产品”。先后获“广东省A级纳税人”“东莞市工业龙头企业”“东莞市50强民营企业”等殊荣。2014年工业总产值5.3亿元，毛衣年产量1294万件。

【东莞市富士达针织有限公司】　1995年成立，坐落于巷头社区第一工业区，经过短时间的发展，发展成为闻名于海内外的专业生产各种毛织服装的大型民营企业。公司拥有现代化标准厂房2000平方米，拥有先进设备，现代企业架构和一批专业人才。2014年，毛衣生产量245万件套。

【东莞市环宇织造有限公司】　2002年成立。位于巷头毛织工业城，是一家生产各类毛衣的民营企业。该公司占地面积约2万平方米，员工520人。2014年工业总产值8200万元，毛衣年产量403万件。

该公司主要生产童装、女装、男装等各类新款毛衣产品，年产量近200万件套，销往英国、法国、意大利、西班牙、葡萄牙、马来西亚、韩国、日本等国家及国内各大城市。该公司正在引进100台电脑织机，推行数字化生产，减少对劳动力的依赖，提高生产效率。

【东莞市兴业针织有限公司】　1995年8月成立。位于巷头毛织工业城（巷头社区银井工业区莞樟路旁），是一家集产品开发、专业生产、市场营销、品牌运营于一体的大型民营毛织企业。该公司拥有现代化建筑厂房近2万平方米，花园式员工生活小区4000平方米，高素质员工团队500余人。2014年工业总产值4500万元。

该公司注重高科技生产，拥有日本“岛精”牌、德国“斯托尔”牌计算机横机200多台，年生产能力近250万件套，产品采用优质原料，不断推出新颖款式，不仅在内地市场和港澳市场走俏，而且在欧美发达国家亦享有盛誉。该公司产品被中国毛纺织行业协会评选为“中国名优产品”，男装系列毛衫“纪帆登”商标获评2005年度“广东省著名商标”。

东莞市环宇织造有限公司

【东莞志发织造有限公司】　2011年7月成立。坐落于巷头社区富康一街167号，占地面积3150平方米，主要生产与经营毛衣等产品。截至2014年，年生产量达到130万件套。

【东莞市大朗巷头永辉针织厂】　1992年10月成立。坐落于巷头社区秧塘街18号，占地面积2300平方米，主要加工羊毛衫等产品。截至2014年，年生产量达到100万件套。

【东莞市茂志针织有限公司】　2002年9月成立，是香港茂荣集团公司旗下子公司。坐落于巷头社区富康路328号，占地面积0.5公顷。截至2014年，拥有现代化生产综合大楼6万多平方米，生产技术设备先进，产品设计开发能力强劲，市场营销网络健全，经营的男装、女装、童装各式毛衫，毛衣年产量超过1000万件。是国内外知名度极高的、享有自营进出口权的、规模化、专业化毛衫服装生产企业。

【东莞市柏达毛织有限公司】　1998年成立。位于巷头工业区。该公司有强大的设计及生产队伍，引领着针织时装潮流，坚持环保理念，只用自然材料，并通过高科技方法，为顾客织造更高档次和环保的丝织跟毛织服装，产品定位于欧洲、美洲市场，设计和面料不断创新，年生产量达200万件套以上。

【东莞市圣海服饰有限公司】 2011年成立。坐落于巷头社区富康二街194号，占地面积1900平方米。该公司以生产、销售毛衫和针织系列服装产品。截至2014年，拥有现代化标准厂房7000平方米，拥有先进设备，现代企业架构和一批专业人才，年生产量150万件套。

【东莞市星旗服饰有限公司】 2012年成立。坐落于巷头社区富康二街68号，占地面积450平方米。该公司以设计、生产、销售毛衫和针织系列服装产品为基础，拥有现代化标准厂房1800平方米，拥有先进设备，现代企业架构和一批专业人才，年生产量100万件套。

【东莞市乐裕针织制衣有限公司】 2011年5月成立。位于巷头社区企岭一巷3号，占地面积700平方米,主要从事毛衣生产。产品主要出口到日本、欧洲。截至2014年，该公司拥有现代化标准厂房2500平方米，拥有先进设备，现代企业架构和一批专业人才，毛衣年产量超过200万件。

【东莞市凯盛针织制衣有限公司】 2012年成立。坐落于巷头社区秧塘街12号。该公司从事设计、生产、销售毛衫和针织系列服装产品。截至2014年，该公司拥有现代化标准厂房5000平方米，拥有先进设备，现代企业架构和一批专业人才，年生产量200万件套。

“中国毛织第一村”创建

【“中国毛织第一村”创建申报】 2012年12月3日，巷头社区居民委员会向大朗镇人民政府提交《关于请求大朗镇人民政府向中国毛纺织行业协会申报“中国毛织第一村”的请示》，称：巷头素有“毛织第一村”之称，几乎家家户户都有人从事与毛织产业相关的工作，且出租的厂房和商铺有93%与毛织产业有关，村民收入的90%来自毛衫产业。外界流传一句话：世界毛织看大朗，大朗毛织看巷头。如果说，大朗是东莞乃至中国毛织产品的重镇，那么，巷头社区则是重镇中的“重镇”，成为大朗最重要的“毛织产品发源地”“毛织产品销售基地”“毛织产品集散地”。毛织业成为巷头一张亮丽的“名片”，巷头是富有特色的“毛织第一村”。巷头2011年工业总产值32.06亿元，总收入6077万元，集体总资产6.61亿元，村民人均年收入2.29万元。

巷头社区在大朗镇《大朗毛织商贸城概念规划》《大朗针织毛衫产业转型升级和可持续发展规划》的引导下，鼓励毛织企业转型升级，加强自主设计研发。为打响巷头这张毛织业“名片”，打造“中国毛织第一村”，力争把巷头毛织片区建成集生产、销售、研发、物流等于一体的毛织商贸区，促进毛织业朝品牌化、科技化、集群化发展，特请大朗镇人民政府向中国毛纺织行业协会申请授予巷头社区为“中国毛织第一村”称号。

2012年12月28日，大朗镇人民政府向中国毛纺织行业协会上报《关于大朗镇巷头社区申报“中国毛织第一村”的请示》，称：巷头社区毛织业是大朗民营经济的主体，也是富民强村的特色产业。中国（大朗）毛织贸易中心和广东毛织市场分别坐落在富康路和毛织西路。1979年港商在巷头投资创办第一家毛织一厂，开创大朗毛织企业的新篇章。从此，巷头毛织业兴旺发达，形成名符其实的“中国毛织第一村”。按照大朗镇的统一部署，大朗将以“中国羊毛衫名镇”产业轴心，依托原有的毛织产业基础，以毛织交易贸易中心为核心，规划建设一个约10平方公里的中国大朗毛织商贸城。力争打响巷头这张毛织业“名片”，打造“中国毛织第一村”，把巷头毛织片区建成集生产、销售、研发、物流等于一体的毛织商贸区，促进毛织产业朝品牌化、科技化、集群化发展。

【“中国毛织第一村”毛织产业调研、考察】 2012年11月初，中国纺织工业联合会副会长张延恺、中国针织工业协会会长杨世滨、中国毛纺织行业协会会长彭燕丽、中国纺织机械器材工业协会理事长王树田、中国国际贸易促进委员会纺织行业分会副会长林云峰到大朗镇参加第十一届中国（大朗）国际毛织产品交易会，展会期间，应大朗镇和巷头社区领导的邀请，深入巷头社区工厂企业和毛织专业街、毛织文化场所，对巷头社区的毛织产业的发展情况进行全面的调研、考察，形成比较完整的调查报告，赞叹30多年来巷头毛织业的飞速发展。

2012年12月，中国毛纺织

协会接到大朗镇上报的《关于大朗镇巷头社区申报“中国毛织第一村”的请示》后，又派出调研组再次深入到大朗镇和巷头社区对毛织产业情况进行调研和考察评估。

【获评“中国毛织第一村”】 2013年1月15日，中国毛纺织行业协会给大朗镇人民政府下发中毛协〔2013〕3号文件《关于授予大朗镇巷头社区“中国毛织第一村”称号的决定》称：大朗镇是全国首批“中国羊毛衫名镇”，毛织业是大朗富民强镇的特色产业和三大支柱产业之一，约占全镇工业经济总量的三分之一。以大朗为中心，周边地区形成具有一定规模的毛织产业集群，拥有行业企业近万家，仅大朗就有3000多家，全镇电脑横机达4万台。巷头社区是大朗下辖28个社区（村）之一，巷头社区毛织产业是大朗民营经济的主体，1979年港商在巷头村投资创办第一家毛织工厂，开创大朗毛织产业的新篇章。巷头社区有毛织生产企业近千家，几乎家家户户都有人从事与毛织相关的工作，村民收入的90%来自毛织产业，巷头村因此成为大朗最重要的“毛织产品发源地”“毛织产品销售基地”“毛织产品集散地”，是富有特色的“毛织第一村”。

巷头社区毛织产业的特点体现在产业集群规模庞大、产业区域相对集中、国内国际市场影响较大、毛织产品交易会成为品牌展会等特点。巷头村在治理培育毛织产业集群，推进毛织产业升级方面有很多成功的经验和做法：从抓品牌建设，增强竞争力；注重公共服务平台建设，增强服务力；通过毛织片区规划，增强积聚力等方面都做出应有的贡献。巷头村毛织产业拥有一定基础，规模较大，配套完善，特色明显，对大朗毛织产业集群整体发展有很强的推动作用，在同行业中也非常具有代表性。根据大朗镇人民政府的请示，中国毛纺织行业协会经过调研和考察，研究决定，授予大朗镇巷头村为“中国毛织第一村”称号，同时希望大朗镇巷头村进一步促进该地区的结构调整和产业提升，打响巷头村“中国毛织第一村”品牌，为富民强村做出更大的贡献。

【“中国毛织第一村”授牌】 2013年3月25日，中国毛纺织行业协会第四届理事会第三次会议在北京召开。会上，中国纺织工业联合会副会长徐文英为巷头社区颁发“中国毛织第一村”的牌匾。参加这次授牌的有中国纺织工业联合会副会长徐文英、中国毛纺织行业协会的会长彭燕丽、中国毛纺织行业协会的副会长兼秘书长黄淑媛等，东莞市的代表有大朗镇副镇长傅永杰，大朗毛织协会会长陈锡培，东莞市圣旗路时装有限公司董事长陈观福，东莞市毛纺织行业协会常务副会长、大朗电子商务协会会长任清伟，东莞市英伟实业有限公司董事长、东莞市毛纺织行业协会副会长关伟，巷头社区党工委书记陈柱权，巷头社区党工委委员陈暖根。

中国毛纺织行业协会会长彭燕丽指出，巷头社区获得该项荣誉，是毛纺行业给村一级产业集群授予的荣誉，非常难得，非常珍贵。她希望巷头社区借着获得该称号的东风，扎实推进毛织产业的转型升级，进一步做强做大，为大朗毛织区域品牌的提升作出自己应有的贡献。

巷头社区党工委书记陈柱权在会上表示将不辜负各界的期望，继续为促进毛织业转型升级作出更大的贡献。

【“中国毛织第一村”揭牌】 2013年3月29日，东莞市妇联和大朗镇人民政府举办主题为“秀大朗毛衣展美丽风采促转

2013年3月25日，巷头社区获中国毛纺织行业协会授予“中国毛织第一村”称号

型升级”活动，推广大朗毛衣品牌。省政协副主席、省妇联主席温兰子，副市长喻丽君等省市领导、各界妇女干部和大朗镇委书记胡浩举、镇长邓卫洪等参加活动，并共同为巷头社区“中国毛织第一村”牌匾揭牌。省妇联常务副主席阎静萍在讲话中对东莞市妇联工作给予充分肯定，认为此次活动很有意义，进一步推广大朗毛衣品牌，展示“东莞制造”时尚魅力，推动产业转型升级。副市长喻丽君在讲话中高度评价大朗毛织产业，对巷头社区获得这一殊荣表示祝贺，希望大朗镇继续加快发展特色产业，争创更多的“单打冠军”。

镇长邓卫洪代表镇委、镇政府发表讲话，对巷头社区获评“中国毛织第一村”表示热烈的祝贺。他指出，这块含金量十足的牌匾，不仅有利于推进巷头毛织产业转型升级，而且有利于大朗毛织产业进一步集聚和配置资源，为大朗争当毛织产业转型升级的国家级“单打冠军”添上浓墨重彩的一笔。希望巷头社区能够借助这股东风，进一步促进本地区的结构调整和产业提升，打响巷头社区“中国毛织第一村”品牌，为富民强村做出更大的贡献。

同日，巷头社区亦举行“中国毛织第一村”揭牌仪式，参加仪式人员有党工委和居委会干部，各居民小组组长，社区监事会，党员、村民代表，居委会工作人员等150多人。大朗镇副镇长傅永杰、巷头村老干部原书记陈柏森、陈效光和原主任陈秋顺等出席揭牌仪式。

【巷头社区庆祝获评“中国毛织第一村”暨庆“六一”文艺晚会】 2013年5月30日，巷头社区举行庆祝获评“中国毛织第一村”暨庆“六一”文艺晚会。巷头小学师生载歌载舞、热情奔放，表演丰富多彩的文艺节目，和广大居民、新莞人共同庆贺巷头村获评“中国毛织第一村”称号。巷头社区党工委书记、居委会主任陈柱权表示，一定要以这次获评“中国毛织第一村”荣誉为契机，谦虚谨慎、戒骄戒躁，不辜负中国毛纺织协会的希望和重托，在大朗镇委、镇政府的直接领导下，把巷头的毛织产业做大做强。

（陈暖根　陈锐钦　陈冠忠
陈仲良　陈俊良）

附：
关于请求大朗镇人民政府向中国毛纺织行业协会申报“中国毛织第一村”的请示

大朗镇人民政府：

巷头社区地处大朗镇中心区，临近松山湖，面积约3.4平方公里，户籍人口4300人。社区集体经济实力雄厚，2011年，工业总产值320591万元，比上年增长5%；总收入6077万元，集体总资产66121万元，村民人均年收入22940元。巷头素有“毛织第一村”之称，几乎家家户户都有人从事与毛织相关的工作，且出租的厂房和商铺有93%与毛织有关，村民收入的90%来自毛衫产业。外界流传一句话：世界毛织看大朗，大朗毛织看巷头。如果说，大朗是东莞乃至中国毛织产品的重镇，那么，巷头社区则是重镇中的“重镇”，成为大朗最重要的“毛织产品发源地”“毛织产品销售基地”“毛织产品集散地”。毛织业已成为巷头一张亮丽的“名片”，是富有特色的“毛织第一村”。

一、巷头毛织业的发展

巷头社区毛织业是大朗民营经济的主体，也是富民强村的特色产业。中国（大朗）毛织贸易中心和广东毛织市场分别座落在富康路和毛织西路。1979年港商在巷头投资创办第一间毛织一厂，开创大朗毛织企业的新篇章。从此，巷头毛织业兴旺发达，形成名符其实的巷头毛织村！

从上世纪80年代开始，一大批巷头本土的民营企业家以兴业、南华为代表开始涉足毛织业。30多年间，借改革开放的大好机遇，再加上他们敏锐的眼光、敢想敢干的精神，巷头人用他们的飞针走线，编织出令世人赞叹的“毛织王国”。巷头的毛织业经历从无到有、从小到大的发展，形成生产专业化、经营规模化、产品品牌化、市场国际化的庞大的产业集群，为大朗荣获“中国羊毛衫名镇”贡献了力量。2005年大朗镇被列为广东省创建区域国际品牌3个试点单位之一和全省首批15个产业集群升级示范区之一，就是以巷头社区为轴心的毛织企业。2010年6月，东莞市通过《大朗镇毛织片区控制性详细规划》，从产业集群上将巷头社区定为毛织片区。

巷头社区毛织业是大朗毛织业的发源地，也是富民强村的特色产业。目前巷头拥有两个大型毛织专业市场：一个是1995

年省工商局建造，占地20000平方米，建筑32500平方米的“广东省毛织市场”，坐落在巷头毛织西路；另一个是占地12万平方米，建筑面积75338平方米，停车场占地4万多平方米的“中国（大朗）毛织贸易中心”，座落在巷头富康路，其每年都举行的“中国（大朗）毛织产品交易会”，已成为全球出口基地和全国一级采购市场，吸引了世界各地的客商前来采购。

二、巷头社区形成“毛织第一村”主要特点

（一）产业集群规模庞大。在以巷头社区为中心、涵盖周边社区（村）的毛织产业集群内，有几千家毛织行业企业，仅巷头社区就有近2000家，而毛织生产企业有近1000家，约占全镇总数的50%，从业人员近五万人，形成研发设计、生产加工、原料辅料、机械设备、洗水印花、物流贸易、人才培训、科技服务、信息咨询等一条龙产业配套。整个产业集群市场年销售超过13亿件（套）。目前，巷头社区从事毛织研发的企业拥有700多名中高级设计师，千多名技术骨干，世界最先进的电脑编织机20000多台。强大的技术力量，吸引POLO、袋鼠、金利来等10多个世界顶级品牌和鄂尔多斯、杉杉等20多个国内名牌在贴牌生产。巷头社区毛织业已成为国际毛织产品的研发生产、流通集散、价格发现、质量认证、时尚展示、信息发布中心之一，成为重要的毛织产品外贸采购基地。

（二）产业区域相对集中。巷头社区毛织企业主要集中在巷头富康路南、北一带。以巷头社区富康路、富华北路、毛织西路、富丽路和毛织大道等形成毛织一条街，总长6.5公里，整个毛织专业市场年销售超过13亿件，成为国际毛织产品流通集散、价格发现、质量认证、时尚展示、信息发布中心之一。

（三）国内国际市场影响较大。巷头社区毛织企业坚持“两条腿”走路，在大力抢占国内市场的同时，努力开拓国际市场。社区积极协助政府组织实力雄厚的毛织企业在华东、东北等地区举办展销会，同时组织他们参加各种知名的国内国际纺织品展览会、交易会，如参加每一届中国国际针织博览会等，多次参加在美国举办的中国纺织品服装贸易展览会。经过多年的广泛开拓，巷头社区毛织产品占有国际市场的份额越来越大，每年通过各种渠道出口到意大利、美国、日本、加拿大、法国、东南亚等国家和地区的毛衣超过6.8亿件（套），在国际市场上赢得盛誉。

（四）毛织产品交易会成为品牌展会。一年一届的中国（大朗）国际毛织产品交易会，已成为行业著名展会。大朗镇的“织交会”共举办十一届，都是在巷头社区举办，并取得圆满成功。每届都吸引了30多个国家和地区的参展商和采购商，来自海内外的专业买家到场参观采购。2012年11月3日至11月5日举行第十一届“织交会”，巷头以社区的名义组织企业参展，吸引五湖四海的客商采购，为企业赢得商机，得到省、市、镇领导的一致好评。

三、巷头致办培育毛织产业集群，推进产业升级的主要做法

依托产业集群的强大优势，为做大做强毛织业，巷头社区紧紧抓住大朗镇被列为广东省创建区域国际品牌试点单位和首批广东省产业集群升级示范区的契机，着力抓好三大建设，提升三种能力，优化三种环境，通过毛织贸易中心为平台，加快推进毛织业实现“两大转变”，即从产品经营向品牌经营转变，从生产基地向区域集散中心转变。

（一）抓品牌建设，增强竞争力

一是引导企业争创品牌。从思想上引导、政策上扶持，积极转变政府职能，强化服务，为企业创建名牌、发展自主技术提供有力保障。选择出一批实力较强的产品和企业，采取鼓励扶持措施，进行跟踪培育。巷头社区两委领导班子，经常抽调时间，深入毛织企业调研，与企业家座谈，做好管理、服务工作，协助企业解决困难。二是积极引进知名品牌。逐步引导毛织企业从传统手工加工方式向高新技术自动化生产转变，为企业走品牌建设之路提供先进的电脑织机技术。现在，巷头社区毛织企业已经引进全电脑毛织编织机20000多台，香港茂荣集团颖祺品牌服饰总部选址巷头，集团在大朗镇成立颖祺实业有限公司和茂志针织有限公司，投资额1.3亿元，年产成衣超过1000万件，并在原有各部门的基础上增设电脑织机部，引进先进的进口电脑织机650台，企业纳税一直是大朗镇的前茅。

（二）抓公共平台建设，增强服务力

研发设计平台建设。积极构建以企业为主体、以市场为导向、产学研相结合的技术创新体系。鼓励企业引进世界先进电脑织机，加快设备更新、技术改造

和产品创新，鼓励企业将研发机构设在巷头社区，推动企业开展产学研合作，提高自主研发能力，推动行业的产业升级。促进毛织服装的学术研究与交流，举办各类毛织服装职业培训、研究等活动，建立毛织服装的专业技术档案，建立毛织服装设计创新体系，发布毛织服装流行趋势。中国（大朗）毛纺织产品研发中心已经投入使用，该中心举办一年一次的中国（大朗）毛织服装流行趋势发布会；展示能代表大朗毛衫设计水平和质量档次的毛织产品；帮助有需要的企业设立设计部或研发部；承接企业的发布会或订货会；举办设计师培训班，为巷头区域内的企业培养多层次设计人才等。通过巷头的劳动就业机构，为企业招贤纳士，致力促进巷头社区毛织人才培训平台建设。一是大力培养本土人才。除办好基础教育之外，切实抓好职业教育和成人教育。二是加强与科研单位的合作，协助企业开办研讨会。以毛织服装设计师协会为阵地，探索学校、企业紧密合作的办学模式，加强培训和交流，为企业输送设计人才。三是大力引进人才。大力引进企业管理、市场营销人才和中高级实用技术人才，认真落实好《东莞市积分制入户暂行办法》和《东莞市积分制入户管理实施细则》，对企业人才落户、购房、子女入学等提供帮助，以吸引更多的毛织业人才落户巷头社区的企业。

（三）通过毛织片区规划，增强集聚力

根据大朗镇提出的“两城一区一体化”的工作思路，加快推进毛织片区建设进程，大力完善配套基础设施。大力引进优势毛织企业、研发机构、市场营销等企业进入巷头毛织片区，形成强大的集聚效应。在富康路，建造毛织物流用地和建造纺织创意产业中心等配套设施。同时，巷头社区为打造“毛织第一村”，初步形成产品交流、展示、销售、旅游、休闲购物为一体的商业旗舰中心，中国（大朗）毛织贸易中心、广东毛织市场、大朗汽车总站、大朗国际物流中心和巷头毛织文化广场已建成；纺织创意产业中心、纺织交易广场和毛织商会大厦正在建设中，将在近期投入使用。通过这些资源的整合，巷头社区毛织企业得到进一步的强筋健骨，优势企业进一步增多，市场开拓能力进一步增强。

随着大朗镇委、镇政府的统一部署，大朗将以“中国羊毛衫名镇”为产业轴心，依托现有的毛织产业基础，以毛织交易贸易中心为核心，规划建设一个约10平方公里的中国大朗毛织商贸城。巷头社区在镇委、镇政府《大朗毛织商贸城概念规划》与《大朗针织毛衫产业转型升级和可持续发展规划》的工作思路下，将鼓励毛织企业转型升级，加强自主设计研发。为打响巷头这张毛织业“名片”，打造“中国毛织第一村”，力争把巷头毛织片区建成集生产、销售、研发、物流等于一体的毛织商贸区，促进毛织产业朝品牌化、科技化、集群化发展。现特请大朗镇人民政府向中国毛纺织行业协会申请授予巷头社区为“中国毛织第一村”称号。

以上请示，请批示。

东莞市大朗镇巷头社区居委会
2012年12月3日

关于大朗镇巷头社区申报“中国毛织第一村”的请示

中国毛纺织行业协会：

大朗镇是全国首批“中国羊毛衫名镇”，毛织业是大朗富民强镇的特色产业和三大支柱产业之一，约占全镇工业经济总量的1/3。目前，以大朗为中心，涵盖常平、东坑、寮步等周边地区形成公司具有一定规模的毛织产业集群，拥有行业企业近万家，仅大朗就有3000多家，全镇电脑针织械机使用总量超过4万台，2011年实现毛织工业总产值160.8亿。

巷头社区是大朗下辖28个社区（村）之一，位于大朗镇中心区，临近松山湖，面积约3.4平方公里，户籍人口4300人。社区集体经济实力雄厚，2011年，工业总产值320591万元，比上年增长5%；总收入6077万元，集体总资产66121万元，村民人均年收入22940元。巷头素有“毛织第一村”之称，几乎家家户户都有人从事与毛织相关的工作，且出租的厂房和商铺有93%与毛织有关，村民收入的90%来自毛衫产业。外界流传一句话：世界毛织看大朗，大朗毛织看巷头。如果说，大朗是东莞乃至中国毛织产品的重镇，那么，巷头社区则是重镇中的“重镇”，成为大朗最重要的“毛织产品发源地”“毛织产品销售基地”“毛织产品集散地”。毛织业已成为巷头一张亮丽的“名片”，是富有特色的“毛织第一村”。

一、巷头毛织业的发展

巷头社区毛织业是大朗民营

经济的主体，也是富民强村的特色产业。中国（大朗）毛织贸易中心和广东毛织市场分别座落在富康路和毛织西路。1979年港商在巷头投资创办第一间毛织一厂，开创公司大朗毛织企业的新篇章。从此，巷头毛织业兴旺发达，形成公司名符其实的巷头毛织村！

从上世纪80年代开始，一大批巷头本土的民营企业家以兴业、南华为代表开始涉足毛织业。30多年间，借改革开放的大好机遇，再加上他们敏锐的眼光、敢想敢干的精神，巷头人用他们的飞针走线，编织出令世人赞叹的“毛织王国”。巷头的毛织业经历从无到有、从小到大的发展，形成生产专业化、经营规模化、产品品牌化、市场国际化的庞大的产业集群，为大朗荣获“中国羊毛衫名镇”贡献力量。2005年大朗镇被列为广东省创建区域国际品牌3个试点单位之一和全省首批15个产业集群升级示范区之一，就是以巷头社区为轴心的毛织企业。2010年6月，东莞市通过公司《大朗镇毛织片区控制性详细规划》，从产业集群上将巷头社区定为毛织片区。

巷头社区毛织业是大朗毛织业的发源地，也是富民强村的特色产业。目前巷头拥有两个大型毛织专业市场：一个是1995年省工商局建造，占地20000平方米，建筑32500平方米的“广东省毛织市场”，坐落在巷头毛织西路；另一个是占地12万平方米，建筑面积75338平方米，停车场占地4万多平方米的“中国（大朗）毛织贸易中心”，座落在巷头富康路，其每年都举行的“中国（大朗）毛织产品交易会”，已成为全球出口基地和全国一级采购市场，吸引公司世界各地的客商前来采购。

二、巷头社区形成“毛织第一村”主要特点

（一）产业集群规模庞大。在以巷头社区为中心、涵盖周边社区（村）的毛织产业集群内，有几千家毛织行业企业，仅巷头社区就有近2000家，而毛织生产企业有近1000家，约占全镇总数的50%，从业人员近五万人，形成公司研发设计、生产加工、原料辅料、机械设备、洗水印花、物流贸易、人才培训、科技服务、信息咨询等一条龙产业配套。整个产业集群市场年销售超过13亿件（套）。目前，巷头社区从事毛织研发的企业拥有700多名中高级设计师，千多名技术骨干，世界最先进的电脑编织机20000多台。强大的技术力量，吸引公司POLO、袋鼠、金利来等10多个世界顶级品牌和鄂尔多斯、杉杉等20多个国内名牌在帖牌生产。巷头社区毛织业已成为国际毛织产品的研发生产、流通集散、价格发现、质量认证、时尚展示、信息发布中心之一，成为重要的毛织产品外贸采购基地。

（二）产业区域相对集中。巷头社区毛织企业主要集中在巷头富康路南、北一带。以巷头社区富康路、富华北路、毛织西路、富丽路和毛织大道等形成毛织一条街，总长6.5公里，整个毛织专业市场年销售超过13亿件，成为国际毛织产品流通集散、价格发现、质量认证、时尚展示、信息发布中心之一。

（三）国内国际市场影响较大。巷头社区毛织企业坚持“两条腿”走路，在大力抢占国内市场的同时，努力开拓国际市场。社区积极协助政府组织实力雄厚的毛织企业在华东、东北等地区举办展销会，同时组织他们参加各种知名的国内国际纺织品展览会、交易会，如参加每一届中国国际针织博览会等，多次参加在美国举办的中国纺织品服装贸易展览会。经过多年的广泛开拓，巷头社区毛织产品占有国际市场的份额越来越大，每年通过各种渠道出口到意大利、美国、日本、加拿大、法国、东南亚等国家和地区的毛衣超过6.8亿件（套），在国际市场上赢得盛誉。

（四）毛织产品交易会成为品牌展会。一年一届的中国（大朗）国际毛织产品交易会，已成为行业著名展会。大朗镇的“织交会”共举办十一届，都是在巷头社区举办，并取得公司圆满成功。每届都吸引公司30多个国家和地区的参展商和采购商，来自海内外的专业买家到场参观采购。2012年11月3日至11月5日举行第十一届“织交会”，巷头以社区的名义组织企业参展，吸引五湖四海的客商采购，为企业赢得公司商机，得到公司省、市、镇领导的一致好评。

三、巷头致力培育毛织产业集群，推进产业升级的主要做法

依托产业集群的强大优势，为做大做强毛织业，巷头社区紧紧抓住大朗镇被列为广东省创建区域国际品牌试点单位和首批广东省产业集群升级示范区的契机，着力抓好三大建设，提升三种能力，优化三种环境，通过毛织贸易中心为平台，加快推进毛织业实现“两大转变”，即从产品经营向品牌经营转变，从生产基地向区域集散中心转变。

（一）抓品牌建设，增强竞争力

一是引导企业争创品牌。从思想上引导、政策上扶持，积极转变政府职能，强化服务，为企业创建名牌、发展自主技术提供有力保障。选择出一批实力较强的产品和企业，采取鼓励扶持措施，进行跟踪培育。巷头社区两委领导班子，经常抽调时间，深入毛织企业调研，与企业家座谈，做好管理、服务工作，协助企业解决困难。二是积极引进知名品牌。逐步引导毛织企业从传统手工加工方式向高新技术自动化生产转变，为企业走品牌建设之路提供公司先进的电脑织机技术。现在，巷头社区毛织企业书已经引进全电脑毛织编织机20000多台，以香港茂荣集团颖和祺品牌服饰中国总部选址巷头，集团在大朗镇成立公司颖祺实业有限公司和茂志针织有限公司，投资额1.3亿元，年产成衣超过1000万件，并在原有各部门的基础上增设电脑织机部，引进先进的进口电脑织机650台，企业纳税一直是大朗镇的前茅。

（二）抓公共平台建设，增强服务力

研发设计平台建设。积极构建以企业为主体、以市场为导向、产学研相结合的技术创新体系。鼓励企业引进世界先进电脑织机，加快设备更新、技术改造和产品创新，鼓励企业将研发机构设在巷头社区，推动企业开展产学研合作，提高自主研发能力，推动行业的产业升级。促进毛织服装的学术研究与交流，举办各类毛织服装职业培训、研究等活动，建立毛织服装的专业技术档案，建立毛织服装设计创新体系，发布毛织服装流行趋势。中国（大朗）毛纺织产品研发中心已经投入使用，该中心举办一年一次的中国（大朗）毛织服装流行趋势发布会；展示能代表大朗毛衫设计水平和质量档次的毛织产品；帮助有需要的企业设立设计部或研发部；承接企业的发布会或订货会；举办设计师培训班，为巷头区域内的企业培养多层次设计人才等。通过巷头的劳动就业机构，为企业招贤纳士，致力促进巷头社区毛织人才培训平台建设。一是大力培养本土人才。除办好基础教育之外，切实抓好职业教育和成人教育。二是加强与科研单位的合作，协助企业开办研讨会。以毛织服装设计师协会为阵地，探索学校、企业紧密合作的办学模式，加强培训和交流，为企业输送设计人才。三是大力引进人才。大力引进企业管理、市场营销人才和中高级实用技术人才，认真落实好《东莞市积分制入户暂行办法》和《东莞市积分制入户管理实施细则》，对企业人才落户、购房、子女入学等提供帮助，以吸引更多的毛织业人才落户巷头社区的企业。

（三）通过毛织片区规划，增强集聚力

根据大朗镇提出的“两城一区一体化”的工作思路，加快推进毛织片区建设进程，大力完善配套基础设施。大力引进优势毛织企业、研发机构、市场营销等企业进入巷头毛织片区，形成强大的集聚效应。在富康路，建造毛织物流用地和建造纺织创意产业中心等配套设施。同时，巷头社区为打造“毛织第一村”，初步形成公司产品交流、展示、销售、旅游、休闲购物为一体的商业旗舰中心，中国（大朗）毛织贸易中心、广东毛织市场、大朗汽车总站、大朗国际物流中心和巷头毛织文化广场已建成；纺织创意产业中心、纺织交易广场和毛织商会大厦正在建设中，将在近期投入使用。通过这些资源的整合，巷头社区毛织企业得到公司进一步的强筋健骨，优势企业进一步增多，市场开拓能力进一步增强。

随着大朗镇委、镇政府的统一部署，大朗将以“中国羊毛衫名镇”为产业轴心，依托现有的毛织产业基础，以毛织交易贸易中心为核心，规划建设一个约10平方公里的中国大朗毛织商贸城。巷头社区在镇委、镇政府《大朗毛织商贸城概念规划》与《大朗针织毛衫产业转型升级和可持续发展规划》的工作思路下，将鼓励毛织企业转型升级，加强自主设计研发。为打响巷头这张毛织业“名片”，打造“中国毛织第一村”，力争把巷头毛织片区建成集生产、销售、研发、物流等于一体的毛织商贸区，促进毛织产业朝品牌化、科技化、集群化发展。

综上所述，我们认为巷头社区的毛织产业已拥有一定基础，规模较大，配套完善，特色明显，对大朗毛织产业集群整体发展的推动作用强，在同行业中也非常具有代表性，恳请中国毛纺织行业协会同意授予大朗镇巷头社区“中国毛织第一村”称号。

当否，请批示。

东莞市大朗镇人民政府
2012年12月28日

（陈暖根、陈锐钦、陈冠忠、陈仲良、陈俊良）

中国毛纺织行业协会文件

中毛协〔2013〕3号

关于授予大朗镇巷头社区“中国毛织第一村”称号的决定

东莞市大朗镇人民政府:

大朗镇人民政府关于大朗镇巷头社区申报“中国毛织第一村”的请示（ 朗府[2013]1 号文）收悉。大朗镇是全国首批“中国羊毛衫名镇”，毛织业是大朗富民强镇的特色产业和三大支柱产业之一，约占全镇工业经济总量的三分之一。以大朗为中心，周边地区形成了具有一定规模的毛织产业集群，拥有行业企业近万家，仅大朗就有 3000 多家，全镇电脑横机达 4 万台。巷头社区是大朗下辖 28 个社区（村）之一，巷头社区毛织产业是大朗民营经济的主体，自 1979 年港商在巷头村投资创办第一家毛织工厂，开创了大朗毛织产业的新篇章。巷头社区现有毛织生产企业近千家，几乎家家户户都有人从事与毛织相关的工作，村民收入的 90%来自毛织产业，巷头村因此成为大朗最重要的“毛织产品发源地”、“毛织产品销售基地”、“毛织产品集散地”，是富有特色的“毛织第一村”。

巷头社区的特点体现在产业集群规模庞大、产业区域相对集中、国内国际市场影响较大、毛织产品交易会成为品牌展会等特点。巷头村在治理培育毛织产业集群，巷头村在推进毛织产业升级方面有很多成功的经验和做法，从抓品牌建设，增强竞争力；注重公共服务平台建设，增强服务力；通过毛织片区规划，增强积聚力等方面都做出了应有的贡献。目前，巷头村毛织产业已拥有一定基础，规模较大，配套完善，特色明显，对大朗毛织产业集群整体发展有很强的推动作用，在同行业中也非常具有代表性。

根据大朗镇人民政府的请示，中国毛纺织行业协会经过调研和考察，研究决定，授予大朗镇巷头村为“中国毛织第一村”称号，同时希望大朗镇巷头村进一步促进该地区的结构调整和产业提升，打响巷头村“中国毛织第一村”品牌，为富民强村做出更大的贡献。

中国毛纺织行业协会

二〇一三年一月十五日

概览

- 经济建设
- 城市建设
- 社会建设
- 文化建设
- 党的建设

自然地理

【建置沿革】　宋末元初，陈氏先祖始居大朗田坑尾，后立巷头村。1968年3月，成立巷头大队；1983年8月，改称巷头乡；1987年10月，改称巷头管理区；1999年6月，更名巷头村；2004年4月起，改称巷头社区。

【位置、范围、面积】　巷头社区位于大朗镇中心区，东与大井头社区相连，南和大朗、长塘、巷尾社区毗邻，西与黎贝岭村、求富路社区、松山湖高新区交界，北与高英村、东坑镇杨梅岭村接壤，长3公里；宽1.6公里。边界总长11.87公里，面积约3.4平方公里。距市政府22公里。巷头社区交通发达，北至广州白云机场85公里，南达深圳宝安机场46公里，距东莞火车站7公里。省道莞惠公路横贯而过。

【地质、地貌】　巷头社区在地质构造上，位于罗浮山断缘的北东向博罗大断裂南西部、东莞断凹盆地中。成土母质是以堆积红土、红色岩系、砂页岩为主。

地形东西宽、南北窄，地势较为平坦，均为丘陵地区。巷头社区的东北部原有海拔50米上下的小山丘3座，附近村庄地面高度在海拔10～15米。

【山丘】　大岭吓　位于巷头社区北部，海拔55米。山岭为圆形。土质多为红壤土，主植松、杉等树木。

矮佬岭　位于巷头社区东北部，主峰海拔50米。附近一片地带土质多为赤红土壤，土质松软、土层较厚，主植松、桉树，岭下宜种荔枝、橙、柑、橘等各种经济作物。

桑岗　位于巷头社区中部，主峰海拔53米。东南面是民居。桑岗附近一片地带土质多为赤红土壤，土质松、土层厚，主植松、桉树，岭下宜种荔枝、橙、柑、橘等各种经济作物。

【气候】　巷头社区地处北回归线以南，靠近南海沿岸，属亚热带季风气候。受季候风影响，长夏无冬、日照充足、雨量充沛，温差振幅小，气候温和，季风明显。年平均气温21.9℃，无霜期339天。年均降雨量1800毫米。雨量集中在4—9月，占全年总雨量的83%。

光照　冬至昼长约10个小时，夏至昼长约13个小时，年平均日照时数2002小时。年内日照最少是2—4月，月平均日照时数仅有97～104小时。最多的是7

巷头大厦

月，日照平均达13小时。太阳辐射在11月底至翌年4月较弱，5—10月较强，以7月为最强。

气温　一年内有7个月（4—10月）月平均气温22℃以上。最热月份是7—8月，月平均气温28℃。日最高气温35℃以上的天数平均每年36天。最冷是1月，月平均气温13.5℃。日最低气温5℃以下的天数，平均每年7.3天。极端最低气温为0.4℃（1967年1月17日）。降雨量充沛，年平均降雨量为1800毫米。雨天40～60天，年内雨量集中4—9月，占全年总雨量83%。

春季（1—3月）天气变化较大，多吹北风到东北风。前期最低温度10℃左右，有霜冻出现或低温阴雨。后期春暖花开，春冷雨来。

夏季（4—6月）多吹南风到东南风，气温逐渐回升到20℃以上。

秋季（7—9月）多吹南风到西南风，气温升至27℃～33℃。

冬季（10—12月）多吹北风至东北风，气温变化较大，早期气温20℃以上，后期降到10℃以下。受北方冷空气入侵，偶有寒露风出现（多在10月）。这种寒露风两三年或四年出现一次，对晚稻影响较大。

降水　年均降雨量1800毫米，雨量集中在4—9月。常下“秋霖雨”，并常伴有台风出现。降雨量最低的月份为12月，其降雨量仅为27毫米。全年最大月降雨量为301毫米，一般会出现在8月。

【水灾】　2014年，巷头社区主要有两场暴雨成灾。5月11日至15日连续多日的暴雨，导致巷头社区部分厂房损毁，影响毛织生产。11月20日12时，骤降暴雨，到13时后，雨势减缓，使多处低洼地段出现内涝，富康路毛织店铺、旧电影院路段、沙梨园、业丰酒店至豪华酒店路段，水深均有1.1米，其中：富康路约有60家毛织店铺受灾损失约300万元；沙梨园4间民房受灾损失约8万元，1家厂房受灾损失约100万元。

【人口】　2014年，巷头社区总户数1323户，人口近4万人，其中户籍人口4514人（男2280人，女2234人；农业人口4379人，非农业人口135人），外来暂住人口3万多人。户籍人口密度1300.86人/平方公里，常住人口密度8600多人/平方公里。境内流行粤方言，户籍人口绝大部分说粤方言，外来暂住人口以说普通话为主。户籍人口绝大多数为陈姓。

富康路

经济社会建设

【经济建设】　2014年，巷头社区集体总资产14.41亿元，比上年增长17.79%；净资产8.44亿元，增长14.8%；资产负债率16.83%，上升2.17%；经营性总收入7357万元，经营性纯收入4276万元。三大产业比例为2：80：18。在第三产业中，批发和零售业增长10%，住宿和餐饮业下降3%，金融业增长2%，房地产业增长5%，其他服务业增长1%。

【城市建设】　2014年，巷头社区以新型城镇化为导向，提升城市建设水平。巷头花园外墙装修完工，进入收尾阶段；电商大厦完成8层主体楼面施工；巷头花园商住楼、商贸城和豪华酒店铺位等工程按照计划进度推进，“工改工”（将旧工业区改造成工业园区）项目、毛织人才公寓、茶叶交易市场、巷头村史馆、毛织博览馆、石桥街道路升级改造等完成初步设计方案，正在加快办理手续。巷头大厦、大朗车站新宿舍楼、电商宿舍楼、派出所宿舍投入使用，其中巷头大厦引进维也纳酒店，居委会也迁入办公。

2014年，巷头社区提出“加快建设大朗毛织核心区，擦亮中国毛织第一村品牌”的口号，加快毛织核心区建设。按照大朗镇规划，推动建设涵盖大朗纺织创意产业园、环球贸易广场、中熙地产、电商大厦和巷头花园，占地面积3.25平方公里的毛织商贸城核心区，打造大朗商业中心。依托电商行业，进一步擦亮“中国毛织第一村”的牌子，将其升级为电商专业村。

【社会建设】　2014年，巷头社区开展广东扶贫济困日暨东莞慈善日募捐活动、“五保”对象“暖心行动”、大朗镇教育募捐活动，落实做好低保家庭大学生及高中生助学申请，结合“织城圆梦　幸福同行”活动和驻点联系工作，帮助群众解决困难，累计走访85户次，扶贫帮困务实有效。做好退役士兵免费报读中等职业技能培训工作，组织未就业高校毕业生参加大朗镇高校毕业生就业创业指导培训班，落实“就业服务日”工作，就业创业工作得力。

2014年，巷头社区围绕平安建设，全面推进平安社区试点工作，营造稳定安全的发展环境。在治安案件多发区域加装高清视频监控26个，开展治安重点区域及娱乐场所集中清查整治统一行动，推行治安网格化管理，形成40个网格布局，整治“黄赌毒”犯罪持续落实，形成常态化，治安形势不断好转。开展重大火灾隐患集中整治专项行动、出租屋消防隐患排查、家庭作坊消防安全专项治理等工作，消防安全落实到位。全面开展燃气安全专项检查联合行动、特种设备事故隐患排查治理等专项行动，保持安全生产形势稳定。开展食品药品专项检查、“芬卡”牌橄榄油产品清查行动、月饼产品检查、打击生产销售地沟油违法行为、问题食品清查等行动，保障食品药品安全。

【文化建设】　2014年，巷头社区教育事业发展势头迅猛，2人考上硕士研究生（分别考上中山大学、澳大利亚国立大学），20人考上普通本科（AA）以上院校（其中9人考上全国重点本科），10人以699分以上被市重点高中录取，奖学金投入达37.2万元。文体事业繁荣发展，组织大学生参加“长盛广场杯”大学生篮球联赛，开展社区篮球赛、暑假篮球培训班、敬老节活动、大朗“织城杯”粤港澳狮王争霸邀请赛等文体活动，升级建设毛织文化公园篮球馆。

【党的建设】　2014年，巷头社区党工委从严从实开展党的群众路线教育实践活动，按照市镇部署，做好各个环节，加强教育学习，听取群众意见建议，从严抓住作风建设，从实执行整改落实，活动成效惠民实在、上级认可、群众满意。严格落实党代表工作制度，落实每周接见接访，开展“走近群众，问计百姓”“党代表课堂”等主题活动，做好领导干部驻点普遍直接联系群众辅助工作，解决好联系服务群众“最后一公里”问题。2014年，巷头社区党代表工作室获评镇“红旗党代表工作室”。

加强社区后备干部，特别是党员后备干部的培养，安排到大朗镇机关单位挂职，加快后备干部成长。在2013年“双培双优计划”中到镇外经贸局挂任局长助理的陈锦照，2014年任党工委委员；到大朗“阳光雨”党员服务中心跟岗锻炼的陈志昌，担任该中心协管员；在镇党政人大办挂职担任主任助理的陈杰芬，2014年任党工委委员。

（陈杰芬　陈志强）

经济

社区建设

【社区建设概况】　2014年，巷头社区把基础设施建设作为提高竞争力的战略工程，以超前意识和巨额投入，促使基础设施超前发展，形成良好的投资环境。巷头社区成为大朗镇中心区，社区内道路、交通、水电等基础设施日臻完善，形成环境优美的现代化中心城镇雏形。先后获得“全国村镇建设先进村”“首届中国乡镇投资环境100强”等称号。2014年，巷头社区城市建设工作稳步前进，巷头大厦、纺织世界、环球贸易广场、大朗车站新宿舍楼、高层联建楼（富康大厦）、毛织辅料商铺、富康一街铺位（派出所宿舍）、巷头花园、电商大厦等18个重大项目建设有序进行，积极改善招商环境，完成重点工程项目1宗，投资总额1.2亿元。城市环境卫生、园林绿化有条不紊，打造宜商宜居“中国毛织第一村”。

【社区建设规划】　巷头社区自1990年起纳入大朗镇中心区规划范围。截至2014年，先后由大朗镇或自行编制（修订）城市建设规划、土地利用总体规划、建设用地控制性详细规划、巷头社区总体规划。其中：

1994年，巷头村委托广东维美工程设计有限公司对社区建设作出第一个规划（1994年至1996年）；2000年，包括巷头社区在内的土地利用总体规划修编由大朗镇完成；2005年起，大朗镇对巷头社区进行控制性详细规划编制，巷头社区建设用地控制性详细规划实现全覆盖；2007年，巷头社区聘请深圳城市规划设计研究院、东莞市城建规划设计院、哈尔滨市规划设计研究院，进一步开展涵盖巷头社区的大朗镇控制性详细规划编制；2013年，聘请广州市天作建筑规划设计有限公司为巷头社区作总体规划，经过实地测量、调研，做出总体规划与策划的计划书；2014年，委托广东维美工程设计有限公司对原城市建设规划修订，初步规划方案完成，进入审核阶段；2014年10月，大朗镇召开规划委员会会议，对巷头社区毛织片区控制性详细规划E-19-04地块18个项目调整。

【巷头社区毛织片区控制性详细规划调整】　2014年10月，大朗镇召开规划委员会会议，对巷头社区毛织片区控制性详细规划E-19-04地块调整等18个项目，进行研究并提出意见。根据最新的巷头总体规划方案，巷头投资兴建巷头大厦、大朗车站新综合楼、毛织电商大厦一期、物流园仓库一期和二期、大炮台联中楼、新喜庆堂（幸福厅、和谐厅）、毛织文化公园、矮佬岭新工业区联建楼、毛织商业步行街铺位、富康二街商铺等18个项目，完成富康路、富华北路等重要道路升级建设，完成巷头城市布局以毛织商贸中心，功能区齐全的城镇化设计。

【巷头大厦】　地处松山湖高新区、东坑镇、大朗镇交汇处。矗立于3000多家毛针织名牌企业组成的龙头产业核心领地，背靠巷头花园2000户居民小区，与华为生活区、万科金域松湖小区、中熙松湖国际小区、GOGOPARK

巷头大厦

小区、环球贸易广场等在建小区无缝对接，簇拥黄金宝地，汇集多重人流。建筑面积3.77万平方米，建筑层数十四层。2013年9月动工，至2014年12月，投资约6500万元。

【纺织世界】　位于巷头社区康丰路旁，占地8.27公顷，总建筑面积18.5万平方米，由1栋建筑面积8.9万平方米、高十七层的综合大楼及多栋五六层建筑组成，拥有停车位1437个。项目落成以后，成为周边毛织产业的研发总部和销售总部，增强大朗毛织产业的活力。2013年3月动工，投资10亿元，截至2014年综合大楼完成十七层主体楼面封顶，其他建筑完成五六层主体楼面封顶。

【环球贸易广场】　位于巷头社区富康路与松山湖大道延长线交界处，毗邻织交会主会场——中国·大朗毛织贸易中心，占地4.3万平方米，总建筑面积约15万平方米，致力于打造集品牌孵化、贸易总部、商务配套、销售等多功能的中国毛纺织总部基地。2014年1月动工，投资5.2亿元，截至2014年，完成二十五层主体楼面封顶。

【大朗车站新宿舍楼】　建筑面积7360平方米，建筑层数13层。2013年10月动工，至2014年6月底完工，投资约1000万元。

【高层联建楼（富康大厦）】　建筑施工面积8713平方米，建筑层数9层。2013年10月动工，至2014年6月底完工，投资约1100万元。

【毛织辅料商铺】　建筑面积8072平方米，建筑层数4层。2013年10月动工，至2014年6月底完工，投资约1000万元。

【富康一街铺位】　建筑面积4600平方米，建筑层数4层。2014年1月动工，至2014年8月底完工，投资约550万元。

【巷头花园】　坐落于巷头富康路，毗邻大朗汽车站，邻近中国（大朗）毛织贸易中心，项目规划总用地面积12.88万平方米，总建筑面积33.45万平方米，其中，住宅建筑面积21.46万平方米，1500套住宅，共26栋。配套公建面积2.83万平方米，总投资约8亿元。至2014年12月，基本完工，正在进行室外园林绿化及配套设施建设。

巷头花园总体鸟瞰效果图

巷头公园

2014年7月16日，大朗镇委书记胡浩举（前排右二）、镇委委员韩暖渠（右一）、镇委委员周浩森（右三）到巷头社区洪涝“黑点”调研

【电商大厦】 总建筑面积6.93万平方米，建筑层数十三层。2014年3月动工，截至2014年，电商大厦完成十二层主体结构，进行十三层封顶装模。总投资约8000万元。

【巷头社区广场、公园】 截至2014年，巷头社区建有大大小小的文化广场、园林公园，分别是：巷头社区广场、毛织贸易中心广场、巷头毛织文化广场、巷头毛织文化公园、富康公园、巷头小公园、公寓花园、富康路休闲园、社区围面前公园、社区办公楼小游园等，总面积4.13万平方米，其中绿地3.1万平方米，供居民休闲娱乐。

此外，巷头社区还建有富康公园，面积约4500平方米；巷头小公园，面积约3200平方米，公寓花园，面积约3500平方米。

【环境卫生】 截至2014年，巷头环卫所有管理人员6名，道路清扫保洁工人有141人，环卫车5辆。建有垃圾转运站有5个，分别是：大朗金朗路医院垃圾中转站、巷头金岭一巷垃圾中转站、巷头路中转站、巷头富康北区中转站和巷头富康南区中转站，中转站均附设公共厕所。

从2008年起，巷头社区将环境卫生工作以每年208万元发包出去，实行社会化管理。

【污水处理】 2014年，巷头社区辖区内重点污染企业进行全面核查，包括茂志针织有限公司在内的19家企业在全面整改后，可取得“原地保留”治污的资格。（资料链接：印染、洗水企业“原地保留”治污，必须符合年生产总值达到2000万元、厂址周围100米范围内无居民集中居住区、日生产废水200吨以上的设置在线监测系统、实行清洁生产并通过认证、废水回用率达到50%以上和全面稳定达标并通过验收的条件。除少数企业被允许原地整改，更多印染、洗水企业将陆续搬进建设当中的毛织环保专业基地。）

茂志针织有限公司主要从事毛衣加工，每天产生工业废水近300吨。该公司设有占地300平方米的污水处理系统，主要处理因水洗、印染等工序产生的废水，处理后的水质达到国家2级排放标准。在原污水处理系统的基础上，增资100多万元，建设废水回用设备，将处理后的废水再次用于生产环节。加装后，该公司的污水再利用率有望提高到50%以上。

（陈钜宁　陈桂宁　傅伟义）

2014年巷头社区公园情况表

表7　　单位：平方米

名称	公园类型	位置	总面积	绿地面积	水域面积	绿化覆盖面积	主要植物
巷头毛织文化公园	社区公园	富康路毛织贸易中心对面	23333	18000	20	19000	桂花、小叶榕
富康路休闲园	社区公园	富康路段	3000	2000	0	2650	大红花、小叶榕
社区围面前公园	社区公园	社区围面前	6000	3000	2000	3600	大王椰、小叶榕
社区办公楼小游园	小区公园	社区办公楼内	2560	1500	0	2010	大王椰、小叶榕
小计	——	——	34893	24500	2020	27260	——

2014年巷头社区广场绿地情况表

表8　　单位：平方米

广场名称	位置	绿地面积	绿化覆盖面积	主要植物
巷头社区广场	巷头社区办公楼前	825	856	榕树
毛织贸易中心广场	富康路巷头公园对面	4225	4658	盆架子
小计	——	5050	5514	——

附：2014年巷头社区基建办公室主要领导名录

主　任：陈钜宁

交　通

【道路建设】　截至2014年，巷头社区水泥公路总长达30多公里。以富民路、富华路、金朗路、银朗路为代表的村道四通八达。

银朗路　位于巷头村东北部，在凤凰岭从金朗路分出，经巷头、竹山、大井头社区，是省道S357线的一部分。1993年修建北段，2000年修建南段。银朗路巷头段西起金朗路凤凰岭，东到沙步头与大井头社区交界，长1.1公里。

金朗路　位于巷头村北部，是省道S357线的一部分，北起东坑路口，东至与黄江镇交界的蚬壳海。金朗路巷头段，由高英路口至巷头路口牌坊，长2.7公里。

富民路　位于巷头村西北角，在东坑路口对接莞惠公路，南到与黄江镇交界，接驳常公公

银朗路

金朗路

富民路

富康路

富华路

康丰路

路，是县道X195线的一部分。富民路巷头段由东坑路口到大朗汽车客运站，全程0.65公里。

富康路　位于巷头村中部，西北起于富民路大朗汽车客运站，东南至富华路巷头与巷尾交界处，为巷头村内道路，全长1.7公里。1996—2000年建设，2013年由镇村对道路进行升级改造。

富华路　位于巷头村中部，北接金朗路竹山路口，南到水口再接回金朗路，富华路巷头段（富华北路）全长1.1公里。1993年由村建设，2012年由镇村对道路进行升级改造。

康丰路　位于巷头村西部，东北始于金朗路墩皇岭，往西到富民路，为松山湖大道延长线的一部分，全长1696米。1996年建设北段和西段，2013年由市镇对康丰路进行升级改造。

大朗汽车客运总站

【客运】　截至2014年，巷头社区内有1个大型客运站——大朗汽车客运总站。途经巷头社区的公交线路有11条，巷头社区

2014年巷头社区主要街道情况表

表9

道路名称	走向	建设年份	长度（米）	宽度（米）
金朗路	高英路口至巷头路口牌坊	1930	2720	36
银朗路	竹山路口至毛织东路	1993—1996	1100	36
毛织路	银朗大道至巷头路	1993	1110	15～36
巷头路	金朗大道至巷尾圆盘	2002	1050	15
沙园街	金朗大道至毛织西路	1996	460	12
石桥街	富华北路至银康街	1998	1000	20
富华路	竹山路口至巷尾圆盘	1993—1994	1160	36
富康路	大朗车站至巷尾圆盘	1996—2000	2080	36
康丰路	金朗大道至富民路	1996	1696	36
康丽路	富丽路至富康路	2003—2007	1485	30
富民路	大朗车站至东坑路口	1999—2005	650	45
沙头街	毛织东路至大朗医院	1996	300	25
纺织路	富康四街至康丽路	2004	510	20
燕京街	金朗大道至石桥街	2004	480	15

附近设有13个公交站，居民出行便利。

1999年7月至2003年9月，大朗汽车客运总站设在业丰酒店，当时占地2.13公顷，工作人员10多人，经营线路53条。2003年9月至2005年9月，搬迁至东坑路口旁，作为临时车站，当时工作人员增加至20多人，占地面积3.33公顷，经营线路达到78条。2005年1月，大朗汽车客运总站迁入巷头社区富康路273号，与富民大道交汇处，占地4.82公顷，总建筑面积1.44万平方米，集旅行、饮食、住宿、商务于一体，投资1.1亿元。是一家三级客运站，按省一级客运站标准设计建造，设客运主站（含停车位）、车站宾馆以及行车公寓（员工食堂以及员工宿舍）等。2014年，日均发班230多个班次，日发送旅客2000多人次，高峰时期日发班车300多次，日发送旅客8000多人次。形成辐射湖南、四川、江西、福建、广西、浙江等省近30多个市（县）的长途客运网络。开通珠三角等20多条直达快速专线班车，方便快捷，全程提供优质服务。

大朗物流中心

途经巷头公交站的有11条公交线路，分别是81路、85路、L4路、大朗15路、大朗18A路、大朗1路、大朗3路、大朗5路、大朗7路、大朗8A路、大朗9路等。巷头社区及附近有13个公交站，分别是大井头（21米）、大朗医院（25米）、大朗（44米）、巷头站（53米）、大朗大井头（137米）等。

【货运】 截至2014年，巷头社区内有1个大型物流中心——大朗（国际）物流中心。大朗（国际）物流中心于2005年建成，地处巷头社区富康大道的繁华地段，交通便利。

2005年，大朗（国际）物流中心第一期（占地3公顷）建成投入使用，其中商铺面积2万平方米，停车场面积1万平方米，共有商铺100多间。占地3公顷的大型仓库于2006年5月底建成。大朗（国际）物流中心包括国际报关物流、海运、空运、快递，为客商提供“一条龙”的优质服务，有管理人员4人，保安人员20多人和清洁、水电工程技术人员多人，全天24小时值班，管理完善，服务尽责。

（陈锐钦　陈冠忠　陈仲良　陈俊良）

工　业

【工业概况】 2014年，巷头社区规模以上工业生产总值达34.28亿元。其中超亿元企业工业总产值2.3亿元；毛织业工业总产值12亿元、装备制造业工业总产值6亿元。形成以毛织业、装备制造业和电子信息制造业为主导的产业结构，形成比较完整、门类齐全的工业体系，产业结构不断优化。

【招商引资概况】 2014年，巷头社区着力提高增量、优化存量、调整结构，确保经济稳健增长、质量提升、结构优化，实现稳定发展。瞄准高税收、低能耗、无污染、成长潜力大的项目，整合空置厂房和闲置用地。引进协议投资300万元以上投资项目1宗（东莞永源服饰有限公司），协议投资总额700万元，实际投资总额700万元。共有2家企业增资扩产，分别是东莞志发织造有限公司增资103.1万美元；东莞大钜塑胶制品有限公司增资64.47万美元。

【企业帮扶】 2014年，巷头社区鼓励和引导企业进行技术改造、技术创新，向企业宣传国家、省、市有关资金扶持政策，组织和协助22家企业做好项目（资金）申报材料整理、报送，申请各类财政扶持项目资金3.50亿元。

（陈锐钦　陈冠忠　陈仲良　陈俊良）

【毛织业】 巷头毛织业从1979年港商投资的“大朗巷头毛织一厂”起步，经过多年的发展，成为了“中国毛织第一村”。巷头毛织企业（在工商登记注册）有3489家，占全社区企业的90%。规模以上毛织企业25家，从业人数7000人。2014年，毛织业产值12亿元，上缴税收5500万元。（详见“中国毛织第一村”类目）

【金属、设备制造业】 巷头社区金属、设备制造业发展于20世纪80年代末期，企业投资方主要以新加坡、美国等国家和中国香港、中国台湾地区为主。2014年，巷头社区有设备制造企业916家，从业人数2080人，产值5.52亿元，上缴税收5636万元。其中，规模以上企业4家，生产总值3.12亿元，上缴税收1045万元。

【造纸、印刷及纸制品业】 巷头社区纸制品业发展于1980年代中期，早期引进的纸制品业主要是规模较小、自动化水平较低的港资企业。20世纪90年代中期后，陆续引进中国台湾独资企业，提高造纸、印刷行业的整体实力。2014年，全社区有纸制品企业3家（其中主要重点企业2家），从业人数800人，工业产值5000万元，上缴税收150万元。

【化学纤维、化学制品制造业】 巷头社区化学纤维、化学制品制造业发轫于20世纪90年代初期，主要生产油漆、颜料、油墨等。2014年，全社区有化学原料、化学纤维和化学制品制造业企业10家，其中重点企业1家，从业人数280人，生产油漆37吨。总产值3300万元，上缴税收101万元。

【橡胶、塑胶制品业】 巷头社区橡胶、塑胶制品业发展于1980年代末期，主要生产各种橡胶、塑胶制品。2014年，全社区共有橡胶、塑胶制品企业15家（其中规模以上企业3家），从业人数1700人，生产橡胶制品100吨，生产塑胶制品120吨，年生产总值1200万元，上缴税收36万元。

【电子信息产业】 2014年，巷头社区有装备制造业企业20家，涉及数控机床、自动化机械、精密模具、精密元器件等领域。拥有包括东莞市银河针织机械有限公司等企业8家，从业人数550人，产值2000万元，上缴税收85万元。

2014年巷头社区纳税前20名工业企业表

表10　　单位：万元

企业	营业收入	税额
东莞市颖和祺服饰有限公司	51534.95	8760.94
东莞市颖祺实业有限公司	51486.19	8752.65
东莞茂志针织有限公司	47450.78	8066.63
东莞市中一合金科技有限公司	9669.83	1643.87
东莞市富士达针织有限公司	8285.50	1408.53
东莞市环宇织造有限公司	7579.54	1288.52
东莞大钜塑胶制品有限公司	6814.27	1158.43
东莞市美佳纺织原料有限公司	5019.47	853.31
东莞市兴业针织有限公司	4214.26	716.42
东莞大新橡胶制品有限公司	3871.46	658.15
东莞城兴橡塑制品有限公司	3724.99	633.25
东莞市鹏信毛织有限公司	3490.51	593.39
东莞新能量五金制品有限公司	2977.37	506.15
东莞市柏达毛织有限公司	2723.05	462.92
东莞市乐裕针织制衣有限公司	2560.21	435.24
东莞志发织造有限公司	2407.05	409.20
东莞市代表作服饰有限公司	2353.25	400.05
东莞市群昌毛织有限公司	2321.23	394.61
东莞大诚橡胶制品有限公司	2252.93	383.00
东莞通增橡塑制品有限公司	2112.07	359.05

2014年巷头社区主要纸品企业情况表

表11

企业名称	始建年份	占地面积（公顷）	建筑面积（平方米）	员工（人）	工业总产值（万元）	上缴税收（万元）
东莞大朗巷头曙邦制品厂	2001	2.0	3000	300	1800	54
东莞市丰嘉源纸品有限公司	2008	0.3	9000	70	700	22

2014年巷头社区主要化学制品企业情况表

表12

企业名称	始建年份	占地面积（公顷）	建筑面积（平方米）	员工（人）	工业总产值（万元）	上缴税收（万元）
东莞市东创兴化工有限公司	2006	0.5	10000	80	2200	70
东莞市锦坤化工有限公司	2013	0.1	3000	30	400	13
东莞市中灿化工有限公司	2012	0.1	3500	40	440	15

2014年巷头社区规模以上塑胶企业情况表

表13

企业名称	始建年份	占地面积（公顷）	建筑面积（平方米）	员工（人）	工业总产值（万元）	上缴税收（万元）
东莞通增橡塑制品有限公司	2005	0.3	9000	160	2300	75
东莞城兴橡塑制品有限公司	1993	0.3	9000	160	4000	130
东莞大诚橡胶制品有限公司	2002	0.5	10000	250	2500	88
东莞大新橡胶制品有限公司	2005	0.5	10000	150	4000	130
东莞大钜塑胶制品有限公司	2007	0.5	12000	180	7000	230

2014年巷头社区规模以上金属、设备制造企业情况表

表14

企业名称	始建年份	占地面积（公顷）	建筑面积（平方米）	员工（人）	工业总产值（万元）	上缴税收（万元）
东莞新能量五金制品有限公司	2010	0.3	5000	150	3000	90
东莞市中一合金科技有限公司	2003	0.35	15000	150	11000	380
东莞市银河针织机械有限公司	2010	0.2	8000	40	2200	75
东莞市德尔能新能源科技有限公司	2012	0.4	8000	70	15000	500

【东莞市中一合金科技有限公司】 2003年7月成立，位于巷头第三工业区。投资总额近6000万元，注册资本3000万元。占地面积0.67公顷，建筑面积1万多平方米。主要生产和销售高、中、低压电器触头合金材料，银合金线材、片材、金属复合材料，粉末冶金型电触头材料，电器五金件。先后获评“东莞市民营科技企业”“广东省民营科技企业”。2014年，该公司生产总值1.10亿元，上缴税收380万元。

【东莞市银河机械有限公司】 前身是智成科技有限公司，2001年成立，坐落于巷头社区，是国内最早自主研发制造电脑横机的厂家之一。截至2014年，拥有厂房面积近1万平方米，职工200多人，其中高级技工60多人，年生产能力达到3000多台，生产能力跃升国内著名电脑横机厂商前列。与世界500强企业中钢集团衡阳重机有限公司全面合作开发和制造电脑横机专用配件，确保“银河”牌电脑横机在操作性能上更出色、更稳定，产品畅销大江南北，遍布广东、上海、江西、浙江、江苏、山东、河南、四川、湖南等十几个省市。2014年，该公司生产总值0.2亿元，上缴税收75万元。

【东莞市丰嘉源纸品有限公司】 2001年5月成立，为长盛集团有限公司分公司，2008年4月迁到巷头社区银井街16号。截至2014年，占地面积1.2万平方米，厂房面积5000平方米，有员工80多人。是一家较大规模的瓦通包装生产厂家，主要产品有纸箱、啤盒、啤咭等，长期为家具、家私、玩具、电器、电子、文具、灯饰、礼品及工艺等行业提供包装等服务。2014年，该公司生产总值350万元，上缴税收10.5万元。

【东莞大新橡胶制品有限公司】 外国法人独资公司。1995年成立，位于巷头村富民北路439号。生产和销售塑胶制品、鞋材。截至2014年，工厂占地3公顷，厂房1万多平方米，有职工350人。2014年，该公司生产总值3800万元，上缴税收658万元。

（陈锐钦　陈冠忠　陈仲良　陈俊良）

2014年巷头社区新签外资项目表

表15

签出年月	企业名称	所属单位	企业类型	外方注册地	行业	投资总额（万美元）	注册资本（万美元）
2014年5月	东莞永源服饰有限公司	巷头	外资	中国香港	毛纺织业	100	100

2014年巷头社区增资外资项目表

表16

签出年月	企业名称	所属单位	企业类型	外方注册地	行业	投资金额（万美元）
2014年4月	东莞志发织造有限公司	巷头	外资	中国香港	毛纺织业	103.1
2014年11月	东莞大钜塑胶制品有限公司	巷头	外资	伯利兹	塑胶品业	64.47

商贸服务业

【商贸服务业概况】 巷头社区商贸配套设施完备、业态齐全，网点布局相对集中于广东毛织市场、中国（大朗）毛织贸易中心、毛织大道、富康路、富华北路商业街、华润商贸城、物流中心、大朗汽车总站一带，居民出门购物距离近，消费便利。社区内形成1个大型商业中心，开设有大型综合超市、大型专业市场、星级酒店、经济型旅馆等，并配置以新型流通业态为主的专卖店、专业店、连锁店以及餐饮、休闲、文化娱乐设施，商业用地达44.92万平方米，餐饮店、便利店、维修店、服装店、美容美发店、音像店、书店等商业服务网点2200多个，辐射周边10平方公里，消费人口约150万人。中国（大朗）毛织贸易中心成为全国一级采购市场，商业设施的外观与社区整体风格相协调，能满足社区居民的各种生活服务需求，并成为大朗镇内重要的区域商业中心。2008年获评“东莞市商业示范社区”。

【餐饮业】 巷头社区根据广东人的饮食习惯和口味，兼顾新莞人的不同需求，引进不同风格的餐饮企业，形成以粤菜、川菜、湘菜系列为主流，其他菜系列为特色的饮食文化。截至2014年，巷头社区有业丰大酒店、豪华大酒店、时代酒店、湘里人家酒店、聚富西餐厅、沁香园茶餐厅、大拇指、蒸品堂等大小餐饮企业85家，其中粤菜馆20家，川菜馆10家，其它特色餐饮企业55家，占地面积达3公顷，其中500平方米以上的餐饮店20家。社区既有大型的酒楼（四星级酒店2家），也有一般的快餐店、风味店、早餐店、面包屋等等，主要集中于社区中心地带，配有足够的车位，交通便利，居民最远就餐距离不超过200米，并提供送餐等服务，满足社区居民以及邻近社区居民的饮食多样化需求。

【酒店业】 截至2014年，巷头社区有四星级酒店2家，分别是业丰大酒店和豪华大酒店，业丰大酒店先后举行多次国内外大型活动，豪华大酒店是中国CBA篮球联赛运动员入住酒店；另有雅悦酒店和经济型旅馆等15家；位于巷头的大朗汽车总站也集交通、旅游、饮食、住宿、商务等一体。营业总面积超过10万平方米，从业人员有2000多人。

业丰大酒店是集住房、餐饮、娱乐、休闲、健身商务功能于一体的综合商务型四星级酒店。占地面积5公顷，建筑面积2.1万平方米，拥有豪华商务客房138间(套)、豪华夜总会、西餐厅等，是巷头最大的综合性酒店。

豪华大酒店是集饮食、住宿、娱乐为一体的大型商务酒店。占地面积6.6公顷，建筑面积2.5万平方米。主要经营饮食、住宿、歌舞厅、美容、健身等，于1993年3月成立，注册资本1500万元，有客房150间（套）。

雅悦酒店位于大朗客运总站旁，占地面积0.67公顷，建筑面积1.2万平方米。集客房、KTV、酒吧、西餐、沐足为一体，2012年9月开业，有客房50间（套）。

【农贸市场】 截至2014年，巷头社区有1个农贸市场——富康市场，投资280万元，建筑面

华润购物商场

积3200平方米，有铺位19个，摊档90个，于2011年8月投入使用；主要经营蔬菜、鲜果、家禽、粮食、肉类、食品、鲜蛋、水产品、油脂油料、日用品、文化娱乐用品、衣服等。

【大型超市】 截至2014年，巷头社区有大型超市3个，分别是华润购物商场、华鑫购物广场、富嘉购物广场。华润购物商场成立于2004年，营业面积达2.2万平方米，拥有停车场近900平方米，经营商品品种多达2万多种。不仅拥有大型冷藏、冷冻、保鲜设施，而且具有中央空调、应急照明系统以及消防设备，辐射半径达3公里以上。华鑫购物广场成立于2005年，位于巷头中心区石桥街侧，营业面积达4200平方米，主要经营生鲜、熟食、日用百货、服装、家电等，经营商品达4万多种，集购物、饮食、休闲、娱乐于一体。富嘉购物广场成立于2005年，位于巷头中心区燕京街侧，营业面积达到3000平方米，主要从事水果、服装、皮鞋皮具、药品、手机、化妆品、床上日用品等销售。

【便利店】 截至2014年，巷头社区有美宜佳超市等便利店85家，经营面积达3000平方米，单店营业面积一般在50平方米以上，多为24小时营业，便利店的商品种类达到3000种以上，以生活必需品为主，并提供传真、复印、冲照片、票务服务、代售电话卡、邮票等便民服务。社区居民距便利店最远距离不超过200米。

【书店、音像店】 截至2014年，巷头社区有书店1家，音像店2家，书店、音像店的每天营业时间超过12小时，并提供租借、试听、试看服务。

【药店】 参见“卫生”分目同名条目。

【美容美发店】 截至2014年，巷头社区有美容美发店28家，最小单店营业面积在50平方米以上。各美容美发店均具备相应的设备设施，从业人员具有相关资格证书，提供洗、剪、吹、拉、烫、染等服务，明示收费标准，并能为有需求者提供上门服务。

2014年巷头社区大型酒店情况表

表17

酒店名称	始建年份	占地面积（公顷）	建筑面积（平方米）	客房（间）
东莞市大朗豪华大酒店有限公司	1991年	6.6	25000	150
东莞市大朗业丰大酒店	2003年	5	21000	138
东莞大朗雅悦酒店	2012年	0.67	12000	50
东莞市茂荣假日酒店	2012年	0.75	10000	130
东莞大朗时代酒店	2000年	0.47	8000	90

2014年巷头社区大型超市情况表

表18

超市名称	始建年份	占地面积（公顷）	营业面积（平方米）
华润购物商场	2004	1.7	22000
华鑫购物广场	2005	0.31	4200
富嘉购物广场	2005	0.26	3000

【家电维修店】　截至2014年，巷头社区内有专业的家电维修、自行车和摩托车修理、汽车维修保养服务、修鞋、配钥匙等维修店铺25家，营业面积共5500平方米，营业时间在12小时以上。各维修店有固定的营业场所，有齐备的维修设备及必要的测试设备，备有应急照明设施和消防设备，从业人员均经过专业培训，能提供上门服务和电话通知服务。

【洗染店】　截至2014年，巷头社区内有洗染店4家，营业面积达300平方米，最小单店面积在50平方以上。洗染店有固定的营业场所，拥有专业大型的洗衣设备，有固定空间存放顾客衣物，客衣标识管理制度明确，提供洗衣、烫衣以及皮革衣物的清洗上光等服务，也提供上门收衣送衣服务。

【照相馆】　截至2014年，巷头社区有照相馆20家，营业面积约1200平方米。其中，连锁照相馆2家，营业面积约400平方米，每1000人照相馆建筑面积在15平方米以上。可提供照相、胶卷冲洗、胶卷销售及数码照片冲洗、扩印等服务以及提供第二代居民身份证照片服务，营业员营业时间均在12小时以上，可提供立等可取和上门照相服务。

【废品回收站】　截至2014年，巷头社区内设有废品回收站5座，共350平方米，回收站点营业时间在12小时以上，实行办公区、住宿区、废品存放区分离，废品分类存放，设置充足的消防设备，保证场地安全、整治、规范。严格按照法律法规进行经营，保证回收物资正当合法。

【中介服务公司】　截至2014年，巷头社区有中介服务公司5家，主要是房地产中介公司、劳动就业、法律咨询公司、咨询公司、家政公司等，凡是在社区从事中介项目业的人员，都进行上岗前基本服务技能、心理素质、法制、安全等培训。

（陈暖根　陈锐钦　陈冠忠　陈仲良　陈俊良　陈晓玲）

附：2014年巷头社区企业管理办公室主要领导名录

主　任：陈暖根

财务、金融

【经营收支】　2014年，巷头社区经营性总收入7357万元；社区本级可支配收入8023万元，比上年增长2%；社区本级可支配收入中，上级补助收入481万元。2014年，巷头社区在支出压力大的情况下，多举措严控支出管理，确保有限的资金用在刀刃上，做到保基本、保重点、保民生。全年支出7778万元，比上年增长3%。其中，公益福利费用3051万元（其中教育支出340万元，治安支出423万元，环卫支出464万元，社保支出560万元，敬老支出275万元等）；管理费用440万元（其中人员报酬229万元，会议费59万元，书报费28万元，机动车费23万元，折旧费30万元等）；经营支出2300万元（其中折旧费2072万元，经营税金118万元等）；其他支出341万元（其中利息支出306万元）。

【豪华大酒店投资审核】　2014年，巷头社区财务办公室按照节约投资，提高资金使用效益的原则，对收购豪华大酒店投资严格审核，做到前移评审关口，提前介入，召开协调会，对图纸及预算出现的问题逐项讨论并解决，完成9000万元评审的任务。

【集体资产保值增值】　截至2014年，巷头社区集体总资产10.15亿元，比上年增长17.79%；净资产8.44亿元，增长14.8%；资产负债率16.83%，上升2.17%。

【巷头第三次经济普查】　2013年8月至2014年1月，巷头社区召集25名工作人员，对全社区24个区域进行摸底，并对近40名经济普查员培训，开展宣传活动。2014年2月开始，进入普查阶段。至5月底，巷头社区完成第三次经济普查。

经过普查，至2014年4月，巷头社区有户籍人口4479人，其中男2262人，女2217人。按年龄分：18岁以上3586人，18岁以下893人；60岁至70岁429人，其中男182人，女247人；70岁至80岁194人，其中男82人，女112人；80岁至90岁105人，其中男41人，女64人；90岁以上16人，其中男1人，女15人。

2014年，巷头社区总资产144062万元，其中应收款项2062万元，经营性应收款1230万元，垫付代付款项281万元，账外应收账款余额97万元，可供分配收入4942万元。

附：2014年巷头社区财务办公室主要领导名录

主　任：陈冠强

2014年巷头社区主要集体资产表

表19

序号	资产名称	购建时间	占地面积（平方米）	建筑面积（平方米）
1	银康街99号厂房	2006年	14653	13333
2	第一工业区厂房	2007年	7000	13000
3	中一厂	2009年	5590	10723
4	大成厂	1993年	7648	5808
5	永辉厂A	1994年	5857	1880
6	永辉厂C	1994年	3430	1400
7	中立厂	1996年	3455	2523
8	大新公司	2009年	3600	3000
9	大圣厂	1998年	5333	11159
10	环宇厂	1993年	10478	7883
11	沃照厂	1994年	2483	1283
12	银康街33号厂房	2013年	9780	6472
13	原村委会巷头路32号	1992年	2000	1279
14	环城货运有限公司	2013年	13333	10276
15	富康南四巷铺位一层铺	2009年	2500	800
16	佛子宫铺位	2009年	2500	800
17	富康路停车场铺位	2009年	2500	800
18	华润对面公园铺位	2010年	210	210
19	休闲园前临时铺位	2011年	55	55
20	原曙邦纸品厂（银行街99号）	2006年	14653	13333
21	原陈日照佛子宫厂房宿舍（银康街33号）	2013年	9780	6472
22	原4队爱丝雅厂（银康街90号）	2003年	1050	4767
23	原3队旧恒通五金厂（银井12号）	1999年	2700	2500
24	原3队丰嘉源（原联盛）厂银井16号	1998年	6767	4469
25	原3队新恒通厂及铺位（银康街74号）	2003年	11944	6533
26	原4队杰发厂（银康街88号）	2003年	11167	6100
27	原1、11联队群力五金厂（银康街52号）	2003年	9763	8886
28	原8队梁鸿禧（银井街18号）	2003年	4400	5457
29	原5队信联厂及铺位（园塘街13号）	2003年	3174	5471
30	原5队日龙厂（干湖一巷33号）	2006年	3458	5000
31	原经济社谊景厂（富康二街132号对面）	2003年	3100	3100
32	原4、12联厂隆锦厂（石桥街78号）	1999年	6028	7706
33	原4、12联厂海侨厂（石桥街88）	1999年	3633	2738
34	原4、12联队中澳厂（金朗北路320号）	1997年	1200	2000
35	影剧院	1996年	3302	1140
36	溜冰场	1997年	4016	2700
37	旧汽车站	1999年	2100	1050

续表19

序号	资产名称	购建时间	占地面积（平方米）	建筑面积（平方米）
38	大朗汽车站	2009年	17727	6600
39	毛织旅馆	1994年	1900	300
40	公司综合楼	1995年	2510	450
41	富都酒店大楼	1994年	4100	1200
42	富康小区南停车场	2010年	2400	2400
43	富华市场	2001年	11736	5497
44	神前塘市场	2008年	1500	1500
45	华润广场	2010年	24862	800
46	富康一街路42号、朗松街7.9号	2012年	4038	755
47	富康市场	2012年	2000	2000
48	银井铺位	1999年	3600	1200
49	公园市场	2010年	4706	2540
50	燕京街铺位	2009年	2995	5270
51	新雅时装店	1997年	1000	1000
52	公园铺位	2009年	2500	1205
53	富康南四巷铺位	2009年	2500	800
54	富康南五巷铺位	2009年	2500	800
55	毛织一街铺位	2009年	2500	800
56	村内铺位	2009年	2500	800
57	干湖铺位	2003年	144	878
58	村内市场侧铺位	2009年	2500	800
59	桑岭公园商铺	2009年	2500	800
60	巷头路一层铺位	2010年	213	213
61	石桥街铺位	2008年	1200	200
62	桑岗联建1-11号楼	2008年	1695	7310
63	石桥水房屋	2008年	500	864
64	石桥水楼房2	2008年	1040	4000
65	农民公寓前铺位	2010年	3117	3117
66	石桥街82号房屋	2012年	3445	4959
67	旧喜庆堂铺位	2011年	444	1460
68	巷头商业步行街	2007年	10000	18841
69	原生产队银康街铺位	2003年	750	3267
70	毛织横街(毛织一街)铺	1997年	1053	2379
71	富康路铺原经济社	2004年	3240	20858
72	干湖铺位（大松园街）	2003年	1440	8908
73	原1-4村铺位	2000年	240	528
74	原1-13队铺位	2000年	13466	25229
75	原1队外来工宿舍	2000年	405	285
76	原1队巷尾圆盘附近铺（巷头路217号）	2000年	173	927

续表19

序号	资产名称	购建时间	占地面积（平方米）	建筑面积（平方米）
77	原5队地堂（巷头路181号）	1990年	122	122
78	原迪顺厂（富康二街132号）	2003年	1333	1900
79	原10队办公室铺（巷头路145号）	2005年	70	228
80	原11队新墟一区10号楼	2009年	56	94
81	原4村雪龙厂铺（金朗北路314号）	2002年	280	280
82	原1队大岭头铺位	2000年	101	330
83	原2队常大路大楼（毛织东路61号）	1997年	744	2220
84	原2队沙梨园3号	2010年	107	276
85	原2队金朗北路308-311号	2000年	324	324
86	原2队村内房屋	2002年	160	320
87	原2队办公室铺	2002年	72	72
88	原2队金朗北307号后铁皮	2000年	1543	1543
89	原4队神前塘29号（原大汉洗水厂）	1997年	163	344
90	原4队神前塘21/23-25号	1998年	150	330
91	原4队围面前五区（市场边铺房屋）	2000年	668	668
92	原4队银康街88号-1铺	2003年	216	741
93	原4队围面前五区（围面前铺）	2000年	431	431
94	原5队巷头路181号	1993年	559	1487
95	原5队日龙厂旁铺（干湖一巷33号）	2007年	289	289
96	原6队秧塘铺位（富康一街193号）	1994年	313	819
97	原6队巷头路35/37号	1992年	60	132
98	原6队原恒丰厂改铺位（秧塘1号）	2010年	1463	2024
99	原6队办公室铺（大炮台二区12号）	2001年	183	872
100	原6队沙梨园铺1号	2002年	107	524
101	原7队村内厂房宿舍（黄榄三区106号）	2000年	127	559
102	原7队群力五金厂铺（巷头第二工业区）	1999年	2274	4134
103	原7队富康二街140/144/146号	1997年	118	260
104	原7队合力旁铺位（金朗北路310号侧）	1998年	231	714
105	原7队村内铺（黄榄三区105号）	2000年	130	430
106	原13队市场铺位（神前塘）	2000年	153	197
107	原南华厂房宿舍	2010年	3440	2000
108	原10队亿宝厂房及铺位	2010年	2480	1900
109	矮佬岭电房大楼	2011年	1600	500
110	富康南四巷铺位一层铺	2009年	2500	800
111	佛子宫铺位	2009年	2500	800
112	富康路停车场铺位	2009年	2500	800
113	新汽车站铺位	2010年	516	218

【金融服务】 截至2014年，巷头社区有中国工商银行大朗支行巷头营业部、中国银行股份有限公司大朗支行营业部、中国建设银行大朗支行巷头营业部、东莞农村商业银行大朗支行巷头营业部、中国民生银行大朗支行巷头营业部等5家银行机构进驻，有员工44人，实现存款约20亿元。

【中国工商银行大朗支行巷头营业部】 2011年8月，中国工商银行大朗支行巷头营业部入驻巷头社区富康路33号。2014年，有员工11人，实现各项存款余额约9亿元。

附：2014年工商银行巷头营业部主要领导名录

主　任：张秋柳

【中国银行大朗支行巷头营业部】 2008年，中国银行股份有限公司大朗支行营业部入住巷头富康路61-63号。2014年，有员工10人，实现人民币存款余额4.5亿元。

附：2014年中国银行大朗支行巷头营业部主要领导名录

主　任：叶荏波

【中国建设银行大朗支行巷头营业部】 2013年12月，中国建设银行大朗支行巷头营业部入驻巷头富康路222号。2014年，有员工14人，实现本外币存款余额约4亿元。

附：2014年中国建设银行大朗支行巷头营业部主要领导名录

主　任：叶佛强

中国银行大朗支行巷头营业部

东莞农村商业银行大朗支行巷头营业部

【东莞农村商业银行大朗支行巷头营业部】 1989年9月，东莞农村商业银行大朗支行巷头营业部入驻巷头路73号。2014年，有员工4人，实现存款余额2.23亿元。获评东莞银行业“文明优质服务百佳网点”。

附：2014年东莞农商行大朗支行巷头营业部主要领导名录

主　任：刘嘉明

【中国民生银行大朗支行巷头营业部】 中国民生银行大朗支行巷头营业部2014年1月入住巷头社区富康路223号茂荣酒店首层。2014年，有员工5人，实现各项存款余额约1.5亿元。

附：中国民生银行大朗支行巷头营业部主要领导名录

主　任：冯　俊

经济管理

【土地管理】 2014年，巷头社区加强物业征收力度，储备地块资源。经两委会议研究讨论，并经股东大会讨论通过，以9000万元收购豪华大酒店全部股权，以8200万元收购正大兴业公司8.71公顷地块（包括凯旋门地块6.20公顷和大岭吓地块2.51公顷）。截至2014年，巷头社区土地储备情况如下：毛织大厦1公顷，松山湖大道延长线大朗段（巷头社区“商贸城”）0.67公顷，矮佬岭工业区4公顷，映塘工业区12公顷（工改工项目），旧南华汽修厂4公顷，银井工业区2.67公顷，毛织人才公寓（佛子工业区）6.67公顷，与长富公司合作的豪华大酒店6公顷，成兴、陆亿伦公司地块6.67公顷，墩皇岭工业区3.33公顷，大朗交警大队检测站用作停车场3.33公顷。

【“三旧”改造】 2014年，巷头社区抓住“三旧”（旧城镇、旧村庄、旧厂房）改造的机遇，对旧厂房进行改造，建设约10平方公里的现代毛织工业制造城、毛织商贸城，擦亮“中国毛织第一村”的品牌，促进产业转型升级。启动现代毛织工业制造城建设，投资30亿元的毛织商贸城核心区初步成型，其中，投资11亿元的纺织创意产业中心、环球贸易广场基本建成。

附：

2013年，大朗镇选定在巷头社区改造建设现代毛织工业制造城，占地面积7.33公顷，以点带面推进“工改工”项目建设。该“工改工”项目可享受大朗镇财政补助，最高达100元/平方米，工业、仓储用地的容积率按控规微调办法不设上限；社区也将适当减免有关收费等多项优惠政策。根据方案，现代毛织工业制造城由6幢建筑物组成，其中5幢为高层厂房，1幢为12层的写字楼，容积率4.46。分为3期进行改造，其中第一期规划总用地面积1.19万平方米，总建筑面积达11.69万平方米，改造后容积率上升至3.93。原来租金约150万元/年，改造后预期租金将超过2000万元/年。

【安全生产管理】 截至2014年，巷头社区有各类经营单位1216家，其中公共娱乐场所3家，公众聚集场所37家，网吧5家，“三小”（小档口、小作坊、小娱乐场所）场所、出租屋1169家，废品回收场所2家，化学危险品经营3家（2家加油站，1家燃气中转站），大型工厂企业26家。2014年，志愿消防队配合镇消防队处理大小火灾事故13宗。

落实责任，巷头社区逐一与各个村民小组和各个企业签订安全生产责任书。组织党员、村民代表召开安全生产会议。开展安全生产宣传教育，在主要街道拉挂安全生产横幅达32条次，在公园周边、工业区内等张贴宣传画，在主要企业、“三小”场所、出租屋、劳动密集型企业、公共聚集场所进行消防安全责任牌上墙工作，建设3条安全生产示范街（巷头路、毛织东路、毛织西路）。基本完成“一企一档”工作，造册建立档案1022份。先后检查劳动密集型企业304家/次，公共聚集场所、网吧46家/次，危险化学品经营单位12家/次，“三小”场所、出租屋2546家/次，发出限期整改指令书455份，停电整改的86家，解封86家；巡查企业104家次，查处整改隐患35处，发出文书104份；开展打非治违专项行动，出动执法检查组5个，执法人员45人次，检查生产经营单位26家。 （陈钦容 陈浩棋）

【食品药品监督管理】 2014年，巷头社区设立食品药品安全宣传栏，在人流密集的区域悬挂宣传横幅，发送宣传资料等，开展宣传活动，把食品安全监管工作延伸到每家店铺。先后开展“芬卡”牌橄榄油产品清查行动、月饼产品检查、打击生产销售地沟油违法行为、中国台湾问题食品清查等食品药品专项检查。落实“东莞市食品安全示范学校食堂”创建，巷头小学完善和落实学校食堂食品采购、食品加工等管理制度，完成食堂的硬件升级改造，创建为“东莞市食品安全示范学校食堂”。

（陈钦容 陈浩棋）

政治

- 巷头社区举行党工委揭牌仪式
- 豪华大酒店股权收购
- 土地收购8.73公顷
- 巷头花园购房付款方式、定价确定
- 香港东莞大朗同乡会巷头分会成立

党务、政务

【巷头社区党工委】 2014年，巷头社区党工委设委员7人（其中书记1人、副书记1人）。成员有陈柱权（党工委书记）、陈冠强（党工委副书记）、陈钜宁（党工委委员）、陈暖根（党工委委员）、陈金华（党工委委员）、陈锦照（党工委委员）、陈敬弟（党工委委员）。社区共有177名党员，党工委下设10个党支部，其中“两新”组织党组织7个，共有党员102人。

【社区居民委员会】 2014年，巷头社区居民委员会设主任1人，副主任1人，委员3人，成员有陈柱权（居委会主任）、陈钜宁（居委会副主任）、陈冠强（居委会委员）、陈暖根（居委会委员）、陈敬弟（居委会委员）。

巷头社区居民委员会下设综合办公室：负责人陈杰芬，工作人员6人，负责出具相关证明、社保、户口、残联、基建等窗口业务。

财务办公室：负责人陈冠强，工作人员5人，负责社区财务工作。

文秘室：负责人陈杰芬，工作人员7人，负责会务、接待以及档案、文稿等工作。

企业管理办公室：负责人陈暖根，工作人员5人，负责企业管理，包括办理营业执照、出具场地证明、追收厂租等。

基建办公室：负责人陈钜宁，工作人员7人，负责社区建设工程的监督，掌握工程进度，以及整理存档工程相关资料。

物业管理办公室：负责人陈冠强，工作人员13人，负责集体的商铺物业出租管理，包括商铺租金缴交管理、商铺续约等。

社会治安综合治理办公室：负责人陈锦照、陈敬弟，工作人员40人，由原来的安全、消防、劳动、调解、计生、出租屋管理、环卫、综合执法等部门合并而成，实施网格化管理。

文化室：负责人陈金华，工作人员9人，负责宣传、教育、文化、体育、关工委、科技、信息化等工作。

警务室：负责人陈锦照，有民警3人，辅警79人，负责社区治安巡查、应急等工作。

民主生活会

【党代表工作室创建】 2014年，巷头社区党工委按照大朗镇组织办的要求，做好党代表工作室选址、装修、设备配置、档案建立、制定接访制度等创建工作，开展“服务中心、共谋发展”党代表视察调研活动。2014年，巷头社区党代表工作室获评镇“红旗党代表工作室”。

【党的群众路线教育实践活动开展】 2014年，巷头社区党工委带领全体党员深入开展党的群众路线教育实践活动，以中共十八大和十八届三中全会精神为指导，全面贯彻落实中共中央总书记习近平重要讲话精神，围绕“照镜子、正衣冠、洗洗澡、治治病”的总要求，以“为民、务实、清廉”为主要内容，以“两委”（党工委、居委会）班子和全体党员为重点，以“四风”问题为聚焦点，强化群众意识、弘扬优良作风、解决突出问题、保持清廉本色。为抓好活动，做到“四个坚持”（坚持领导带头，以身作则；坚持正面教育为主，强化思想；坚持批评和自我批评，解决问题；坚持讲求实效，突出重点）。2月27日召开动员会，至10月14日召开总结大会，经过学习教育、听取意见，查摆问题、开展批评，整改落实、建章立制三个阶段，教育活动引向深入，扎实推进，达到为社区经济攻坚争创优势预期目的。

巷头社区教育实践活动学习活动

【习近平总书记系列重要讲话精神学习】 2014年，巷头社区党工委依托党的群众路线教育实践活动，完善学习制度，组织全体党员深入学习习近平总书记系列重要讲话精神，紧密联系思想和工作实际，采取个人自学、宣讲辅导、集中培训等方式，全年组织开展党员集中学习50次。

【民主监督制度】 2014年，巷头社区党的工作委员会和居民委员会对全社区的党务和政务工作实行民主监督，并形成制度。主要有:社区财务实行按月结算，并将有关收支情况公布上墙，接受监督，重大社区事务经社区居民代表会议通过后，实行公布制度；对社区内需要建设的重大工程项目，全部实行公开、公平招投标制度，邀请社区居民代表或党员等参加招投标会议；对社区的干部党员进行民主评议活动，对民主评议中发现问题要及时进行剖析，寻找原因，纠正错误；党总支工作，年初出台工作目标，年终实行报告制度，接受广大党员监督；社区居民委员会对社区内重大事情以及难点，热点问题，向社区居民代表会议报告，共同商量解决问题，尽量使社区居民满意；党工委成员、社区居委会成员离任，实行责任审计制度，由上级有关部门检查财务账目，审计结果上墙公布，接受社区居民监督；设立社区居务、财务公开监督小组，监督小组成员由社区居民代表会议推选产生，财务帐目先由监督小组成员进行审核、查实，然后上墙公布。

【办事公开制度】 巷头社区结合实际，实行办事公开制度，增加社区事务透明度，监督社区班子公正、有效行使职权。凡涉及重大事项以及居民的热点、难点问题，都先召开党员会议将有关事情向全体党员通报，广泛征求意见及解决办法，然后再召开居民组长、居民代表以上会议，广泛听取意见，通过会议表决的形式确定最终处理办法。若重大决策涉及法律问题，须到司法所咨询，由司法所出具法律意见书，然后召开党员会议讨论，由社区居民代表会议表决通过。

【巷头社区举行党工委揭牌仪式暨新一届“两委”干部就职宣誓承诺仪式】 2014年1月2日，巷头社区在巷头大厦举行党工委揭牌仪式暨新一届“两委”干部就职宣誓承诺仪式，大朗镇委副书记、镇长邓卫洪和镇委委员叶桂平、周浩森参加宣誓承诺仪式，并签订巷头社区“两委”干部履职承诺书，“两委”干部在任期内作如下承诺：

一、加强党的建设，强化党组织的领导核心地位。以党的十八大、十八届三中全会等精神为指引，以改设党工委为契机，加强自身建设，积极践行群众路线，充分发挥党工委的的领导核心作用，全力落实各项全面深化改革部署，为实现高水平崛起提供坚强的组织保证。

二、完善基础设施，改善社区生产生活条件。坚持“规划先行，长远考虑”的发展思路，加快各项规划工程进度，尤其是巷头大厦、“工改工”等项目，以规划建设完善升级硬环境，提高基础建设水平，改善经济发展、招大引强、群众生活的环境，强化提升社区的载体作用，高效承接各个重大项目，推动各项发展建设保质提速。

三、推动经济发展，提高带头致富和带领群众致富能力。加快毛织产业转型升级发展，大力推动各毛织项目建设，加快10平方公里毛织商贸城建设；深入推进“松朗一体化”，加快产业发展、社会管理、基础建设等方面对接，促进与松山湖互补升级，形成错位发展、延伸发展的良好局面。

四、加强公共管理，营造安居乐业环境。深入推进“平安建

2014年1月2日，巷头社区党工委新一届“两委”干部宣誓承诺仪式

2014年1月2日，巷头社区党工委揭牌

设”，深化完善升级治安视频监控系统建设，扩大“天网”覆盖领域，抓好抓实安全生产管理，大力排查化解各类矛盾纠纷，建设平安和谐巷头。

五、解决民生问题，为群众排忧解难。想群众所想，急群众所急。要在各项民生事业上加大创新推进力度，狠抓落实，扎实推进，发展社区特色文化，加大教育事业投入力度，深化体育先进社区建设，落实扶贫求助措施，打造高水平就业创业平台，真正做到为民办实事、解难事，全面建设幸福美丽巷头。

六、加强廉洁自律，维护自身良好形象。按照中央八项规定、纠正“四风”的各项要求，以身作则，率先垂范，带头执行各项规定，带头纠正“四风”，弘扬优良作风，发挥表率和引领作用，做到防微杜渐。以上承诺，请广大党员群众监督。

【巷头社区2013年度工作总结大会】　2014年1月17日，巷头社区召开2013年度工作总结大会，党工委书记、居委会主任陈柱权作讲话。2013年，巷头社区以“项目推进年”为主题，以各项“单打冠军”为目标，贯彻落实大朗镇“两城一区一体化”的战略部署，争先进位，攻坚克难，“中国毛织第一村”深化提升，经济发展稳中推进，社会大局平安稳定，实现高水平崛起的良好局面。同时对做好2014年的工作提出要求，坚持以中共十八届三中全会精神为指引，以“经济攻坚年”为主题，把握稳中求进的主基调，坚持践行群众路线，大兴深化改革之风，切实转变工作作风，加速推进“两城一区一体化”战略实施，建设和谐富裕幸福美丽巷头。

【豪华大酒店股权收购】
2014年10月29日，巷头社区经“两委”会议研究讨论和居民及股东代表大会表决通过，决定收购位于巷头社区的豪华大酒店股权。

1991年11月23日，（香港）顺泰投资有限公司与大朗外资引进公司签订《关于合作兴建经营豪华大酒店的合同书》，由大朗外资引进公司投资675万元（占股权45%），香港方投资825万元（占股权55%）合作兴建豪华大酒店。后大朗外资引进公司与巷头管理区合作，用巷头管理区100亩（6.67公顷）土地向其投资，折其所占股权45%中的7.679%。1993年3月16日，豪华大酒店以大朗外资引进公司为投资方，性质为集体所有，经核准登记成立。酒店经营以来，巷头管理区由历届书记作为酒店的巷头方董事会成员行使管理职权，并参与分红。后经大朗镇政府同意，大朗外资引进公司于2004年将该酒店转让给长富实业公司，由集体企业改制改为有限责任公司，并变更为东莞市大朗豪华大酒店有限公司。从该年度开始，巷头管理区没有收到长富实业公司的分红，居民对此意见很大，多次上访。后经镇政府协调，长富实业公司才于2011年重新分红给巷头管理区。

由于酒店开业时，大朗外资引进公司（后长富实业公司）一直发包给大股东（香港）顺泰投资有限公司经营，双方后来产生矛盾，从2008年开始就打官司，一直不断，经营出现负债情况，甚至工人工资、水电费和供应商货款都无法支付，酒店2004年初停业，水电部门停水电，工人上访要工资，供应商围酒店大门要货款，造成负面影响，居民对此有很大意见。

2014年，鉴于酒店的实际情况，长富实业公司和（香港）顺泰投资有限公司决定转让各自的股权，且双方都与巷头社区商量，要把股权转让给巷头社区。社区将情况提交居民代表和股东代表大会讨论，一致认为：根据市场以及社区土地可利用率快达“零”的情况下，占地6.67公顷的豪华大酒店地处巷头社区繁华地段，既然社区有该酒店股份，就应以股东的身份充分利用该土地，如果收购其他股份回来进行“三旧”改造，规划新项目，可以提高经济价值，壮大集体经济，成为巷头经济发展的亮点。最后与会人员一致通过，收购该酒店股权。

经过与（香港）顺泰投资有限公司多次协商，同意以3500万元出让该酒店股权。巷头社区在2014年9月22日与该公司签订《股权转让协议》，并支付500万元给（香港）顺泰投资有限公司发放工人工资、支付水电费和支付部分供应商货款。巷头社区并于签合同当天以大股东的身份接管酒店。10月29日，巷头社区与（香港）顺泰投资有限公司签订股权转让合同，并办理相关房地产权过户手续。随后，巷头社区以9000万元收购长富实业公司所占的股权。至此，豪华大酒店全部归巷头社区经营管理。

【土地收购8.73公顷】 2014年11月24日，巷头社区为储备土地资源，更好地发展经济，经“两委”会议研究讨论，并经股东大会讨论通过，以8200万元收购正大兴业公司8.73公顷地块，包括凯旋门地块6.22公顷和大岭吓地块2.51公顷。

凯旋门地块　2003年7月23日，巷头村与东莞市正大兴业实业投资有限公司签订《土地出让合同》，由巷头村将位于辖区富康路东南面的凯旋门地块6.22公顷有偿提供给该公司建造酒店。巷头村按合同将土地交付该公司使用，该公司也从2003年8月20日至2005年1月6日分批全部支付土地出让金给巷头村。后发生变化，巷头社区决定收购2003年出让给该公司的土地，双方经过协商，巷头社区并经超过三分之二的股东代表同意，解除2003年双方签订的《土地出让合同》。2014年11月25日，双方签订《解除〈土地出让合同〉协议书》，东莞市正大兴业实业投资有限公司所受让的土地使用权退回巷头社区支配，巷头社区一次性退回该公司支付的土地出让金、出让金利息和所建物业补偿金共5237.50万元。

大岭吓地块　2014年11月25日，巷头社区与东莞市正大兴业实业投资有限公司签订《土地出让合同》，通过友好协商，巷头社区并经超过三分之二的股东代表同意，东莞市正大兴业实业投资有限公司向巷头社区出让大岭吓地块2.51公顷，巷头社区向该公司支付土地出让金3016万元。

【茶叶交易市场建造】 2014年，巷头社区决定发挥区位、产业优势，和东莞市贵德实业投资有限公司联合投资，对始建于1980年代初的银井工业区（占地13.33公顷）进行“三旧”改造，建造茶叶交易市场。估算投资6亿元，由双方共同注资。预计该项目实施后，年税收超过3000万元。

【巷头花园购房付款方式、定价确定】 2014年，巷头花园主体工程完工。经党员、居民代表及股东代表大会通过，巷头花园付款方式采取“三三四”（30%、30%、40%）方式分期付款，到2014年8月，完成前两期交款。在单元房款方面分三级定价计算：第一级，在不违反计划生育等政策的情况下，每人可享受30平方米免费的福利；第二级，若购买面积超过第一级范围的，多出部分以1980元/平方米计算，每人最多可购买30平方米；第三级，超出第二级范围的面积，均以2280元/平方米计算。车位价格：每单元房配1个车位，6万元/个；若购买第二个以上车位，8万元/个。预计单元款和车位款最终可收到5.95亿元（单元款4.75亿元，车位款1.2亿元）。按照总投资10亿元计算，社区要承担4.05亿元。管理费的定价初定为1～1.5元/平方米。

（陈志强）

【香港东莞大朗同乡会巷头分会成立】 2014年12月6日，巷头社区在香港富临酒店举行香港东莞大朗同乡会巷头分会成立仪式，大朗镇镇委书记、镇人大主席胡浩举，大朗镇镇委委员、统战委员叶桂平，大朗镇镇委委员、镇武装部部长陈根照，大朗镇镇委委员、镇妇联主席陈慧娟，大朗镇镇委委员、镇人大副主席韩暖渠，大朗镇副镇长傅永杰，大朗镇党政人大办主任曾悦，大朗镇社会事务局局长江勇，大朗镇巷头社区党工委书记、居委会主任陈柱权，香港东莞大朗同乡会会长叶健民，香港东莞大朗同乡会巷头分会会长陈柏光，还有同乡会会员以及其他出席嘉宾，共220人参加成立仪式。

成立仪式由香港东莞大朗同乡会副会长梁沛光主持。香港东莞社团总会副主席、大朗同乡副会长刘润河宣读巷头同乡分会组织架构人员名单：经选举，陈柏光任香港东莞大朗同乡会巷头分会会长，陈锦明、陈金华任副会长，李少仪任秘书长，陈汉昌任联络员。

巷头社区居委会向巷头同乡分会赠送10万元作为活动经费。

香港东莞大朗同乡会巷头分会会长陈柏光，巷头社区党工委书记、居委会主任陈柱权，香港东莞大朗同乡会会长叶健民，大朗镇委委员叶桂平先后致词。

（陈建强　陈炽驹　陈妙芳）

附：2014年巷头社区党工委领导名录

书　记：陈柱权

副书记：陈冠强

委　员：陈钜宁　陈暖根

陈金华　陈锦照

陈敬弟

附：2014年巷头社区居委会领导名录

主　任：陈柱权

副主任：陈钜宁

委　员：陈冠强　陈暖根

陈敬弟

治安、武装

【平安社区建设】 2014年，巷头警务区有社区民警3人，聘员38人，辅警85人，共126人。

2014年，巷头社区围绕平安建设，全面推进平安社区试点工作，营造稳定安全的发展环境。在富华停车场、公寓花园、治安案件多发路段等区域加装高清视频监控，在治安案件多发区域加装高清视频监控26个，全社区自建设高清球机44个/支，高清枪机93个/支，标清枪机67个/支，共204个/支，1套48片拼接屏总端系统。

开展治安重点区域及娱乐场所集中清查整治统一行动，整治“黄赌毒”形成常态化，其中2月15日至17日，先后两次出动清查力量450人，清查酒店旅馆15间，沐足10间，卡拉OK8间，桑拿场所2间，商铺100间，出租屋87间，游戏厅1间。稳步推进网格化管理。

2014年，巷头社区治安形势好转，立刑事案件533宗，破获刑事案件83宗，刑事拘留50人；查处治安案件769宗，治安拘留131人，打掉各类犯罪团伙4个，抓获团伙成员17人。共排查各类矛盾纠纷76起，处置及协助镇综治、劳动、安监等部门化解20起。

【网格化社会管理】 2014年8月，巷头社区启动网格化社会管理模式，将辖区划分成40个网格，每个网格由2名综管员负责，重点加强出租房的管理，每周定期由社区民警带队进行出租房清查，落实出租房人员信息更新常态化。截至2014年，巷头社区网格信息采集工作进入尾声，完成登记建筑物6852栋，登记人数46648人，登记信息22157条。

划分网格后，巷头社区将计生、出租屋、劳动服务站、企管办、安全办、综合执法分队合并，并成立社会综合治理办公室，对网格内的工作综合处理。与此同时，划分设定6条必巡路线、15个治安必巡点，安排人员每天加大巡查力度。网格人员在巡查过程中，发现有关消防、安

香港东莞大朗同乡会巷头分会成立仪式

全、计生、劳资、环境卫生等问题，要及时上报社区警长和相关部门负责人，由警长和相关部门负责人安排清查整治。

（陈伟强）

【司法行政】 2014年，巷头社区调解案件89件，调解成功56件，成功率63%，涉及当事人331人。其中，劳动争议纠纷案件占80%，房屋宅基地纠纷案件占18%。

加强社区矫正与安置帮教工作，抓好管控人员无缝衔接，落实帮教措施，确保管控人员不发生脱管失控等情况，截至2014年，在册社区矫正人员9人；在册安置帮教人员4人，均无重新犯罪。

落实“一村（社区）一法律顾问”工作，支持大朗司法分局为巷头社区选拔的律师履行法律顾问职责。

【武装工作】 2014年，巷头社区民兵应急分队有322人。定期开展政治教育的同时，积极参加军事训练，其中，4月25日抽调4名基干民兵参加集训，在东莞市评比性训练考核中获第三名，完成上级武装部指派的各项任务。2014年，巷头社区适龄青年积极报名参军，有3人体检合格，经层层筛选和严格把关，最后陈国华、陈健鹏被批准入伍。

（叶李平）

附：2014年巷头社区社会治安综合治理办公室主要领导名录

主　任：陈锦照　陈敬弟

群众团体

【工会概况】 截至2014年，巷头社区有工会27家、联合基层工会4家（涵盖25人以下企业2家），企业工会组建率达70%，；有工会会员675人，企业工会会员入会率达90%。

2014年，巷头社区工会按照大朗镇总工会布置，积极开展活动。在“员工满意企业”创建活动中，东莞市茂志针织有限公司、东莞市中一合金科技有限公司、东莞市杰发实业投资有限公司、东莞市大新橡胶制品有限公

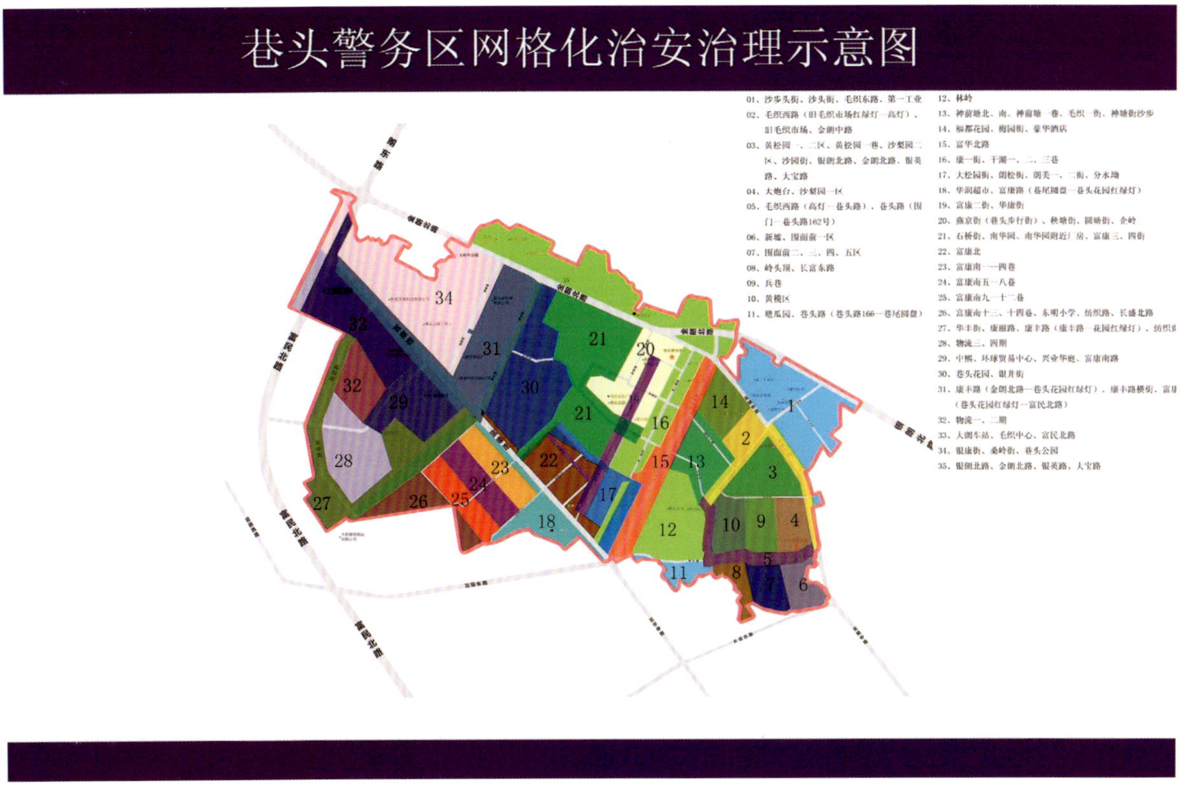

巷头网格化治理图

司4家企业，获评大朗镇“员工满意企业”；在“安康杯”竞赛活动中，东莞市中一合金科技有限公司获评“先进企业”、东莞市茂志针织有限公司获评“优秀组织单位”。

技能培训 组织3名企业职工参加市工资集体协商指导员培训班，组织2名劳动监督员参加市工会劳动监督员业务知识培训班，提高业务素质；组织企业员工参加市组织的摄影、工会信息化办公、企业班组管理、应急救护等培训，参训人员均通过考核。

“书香活动” 组织员工参加大朗镇总工会举办的大朗第九届“读书节”活动，发动和组织企业员工加入东莞市职工书画协会，组织参加“中国梦·劳动美”东莞市职工书画大赛。

文体活动 在元旦、春节、“三八”、“五一”、国庆等节假日举办职工群众文体活动，各工厂企业职工，尤其是广大外来工积极参加。

（陈锐钦 陈冠忠 陈仲良 陈俊良）

【共青团概况】 截至2014年，巷头社区有团总支部1个，下有团支部1个、“两新”（新经济组织、新社会组织）团组织6个，社区团总支部有团员83人。东明学校有团支部1个，团员110人。2014年，巷头社区团总支部获评大朗镇先进基层团组织。

青年志愿服务 2014年，巷头社区团总支部新增志愿者40人，志愿者总人数达90人；社区志愿服务队伍由2013年1支增至2支。组织开展各类志愿服务活动20项，累计70场，受惠人群超过2000人次。其中，开展“织城指南针”交通引导服务和开展“爱·回家”长者关怀服务项目探访活动，探访孤寡老人40人次，为老人解决实际困难26个；创建“爱的工场”新莞人互助服务项目，推进志愿服务进社区、进小区、进工厂、进学校。

青年品牌活动 组织开展“五四”青年系列活动，组织人员参加第七届青年集体婚礼、“我与书记有约”青年讲座和大朗镇青年羽毛球赛；组织开展“大学生暑期社会实践活动”，组织在读大学生在暑假期间开展“工商模拟市场”“篮球联赛”“义教活动”等活动，吸引35名大学生参加；开展“我和国旗合个影 我对祖国说句话”主题活动，配合镇团委选取《有一天》《亲爱的》等正能量电影，举办的“梦想影院”活动。

青年就业创业 配合大朗镇团委加强对大学生尤其是应届毕业生的联系服务，组织社区20人大学生参加就业创业培训班，有8人成功创业，12人到电商企业就业。（陈志强）

附：2014年巷头团总支主要领导名录

书　记：陈锦照

【妇代会概况】 截至2014年，巷头社区有妇代会1个，妇女学校1所。

妇女素质提升 组织妇女参加大朗镇团委举办的“与幸福同行，构建幸福人生”主题讲座，开展女性“四自（自尊、自信、自立、自强）精神”宣传教育活动。

妇女就业创业 通过举办“春风行动”现场招聘会和就业指导培训班，帮助18名妇女就业；设立妇女车间1个，帮助23名妇女实现再就业；推进妇女创业小额贷款的宣传、服务；做好“巾帼文明岗”创建活动的指导，巷头小学获评“广东省巾帼文明岗”。

妇女志愿服务 组建巾帼志愿者队伍，陈敬弟、叶李平、陈淑芬、张淑芳、刘智英、钟爱兰、叶笑芳、李爱弟、叶晓仪、谢爱萍成为第一批成员，公布志愿者手机号和电子邮箱，开展儿童照顾、助残、爱老、环保等服务；组织巷头小学20多个家长志愿者参加大朗镇妇联组织的“爱心父母一帮一助学活动”，探访贫困学生；面向企业职工、工作人员和居民群众发起倡议，开展“爱心一元捐”活动。

（陈敬弟 叶李平）

附：2014年巷头社区妇代会主要领导名录

主　席：陈敬弟（兼）

【少先队概况】 截至2014年，设有少先队大队辅导员2人，中队辅导员62人，少先队员2773人。其中，巷头小学少先队有大队辅导员1人，中队辅导员18人，少先队员787人；东明学校少先队有大队辅导员1人，中队辅导员44人，少先队员1986人。2014年，巷头小学五（1）中队被评为“东莞市少先队先进中队”。

扫墓活动 3月5日，巷头小学、东明学校组织少先队员前往大朗镇松柏朗社区革命烈士陵园举行扫墓活动。

巷头小学红领巾爱心“跳蚤市场”义卖活动 5月23日，巷头小学举办红领巾爱心跳蚤市场义卖活动。每班各设一个“跳蚤市场”展位、一个教师义卖专店、一个家长志愿者义卖店位，各显神通以博得“客人”青睐，募得6914元爱心基金。

仪仗队送军活动 9月6日，巷头小学仪仗队和醒狮队参加巷头社区的送兵活动。

（程马峰 岳勇辉）

文化

文化活动设施

【文化设施概况】 巷头社区通过旧区改造，打造集图书阅读、宣传教育、文艺演出、科普培训、体育和青少年校外活动等功能为一体的文化设施。截至2014年，建有文化广场2个（巷头文化广场和毛织文化广场）、文化公园2个（毛织文化公园、公寓花园）、休闲小区2个、电子阅览室1个（配备免费无线WiFi）、图书室1个，拥有标准篮球场4个、羽毛球场2个、乒乓球台11张、健身路径1条，

【巷头文化广场】 该广场于2003年建成，占地面积约3500平方米，舞台面积400平方米，为巷头木偶剧团的培训基地。

【巷头毛织文化广场】 巷头毛织文化广场于2012年投入使用，占地面积约9500平方米，设有舞台和篮球场（舞台280平方米，广场9200平方米），除有晚会及其它演出外，每晚均有1000多人进行广场舞及其它休闲活动。

【巷头毛织文化公园】 巷头毛织文化公园（原巷头公园、巷头文化体育公园）竣工于2007年5月，总面积2.33万平方米，内设休闲公园、1个标准比赛室内篮球馆（2014年12月动工改造，建筑面积1655.94平方米，可容1500名观众观看球赛），1个室外灯光篮球场、2个羽毛球场、6张标准乒乓球台（室内），3张旧式水泥乒乓球台（室外）、1条健身路径（含15件健身器材）。其中，室内篮球馆于2014年12月动工改造，建筑面积1655.94平方米，可容1500名观众观看球赛。

【巷头公寓花园】 巷头公寓花园竣工于2010年9月，总面积1.67万平方米，绿化覆盖面积1.5万平方米，设有1个室外灯光球场和2张乒乓球台。

【休闲小区】 截至2014年，巷头社区设有2个休闲小区供群众休闲活动。其中，围面前休闲小区，位于巷头己逊陈公祠前，面积约3200平方米，中有池塘，周边树木林立，设有多张石桌椅，休闲人群多为村中老人。富康休闲小区，位于富康路富康大厦后面，面积约4500平方米，树木茂盛，休闲人群多为待家的新莞人老者。

【大朗镇图书馆巷头服务点】 截至2014年，巷头社区设有1个图书室——大朗镇图书馆巷头服务点，总面积约300平方米。服务点内宽敞明亮，环境简洁清幽，适合阅读。分为公共电子阅览区、藏书区和图书阅览区。其中，公共电子阅览区有8台电脑，提供互联网信息查询、文化共享工程信息资源服务、数字图书馆服务、培训网络通信、网路休闲娱乐等服务；藏书区藏书2万多册，有大量儿童读物、文学类、哲学类、科普类等图书，均可在图书阅览区阅读。还有《人民日报》《南方日报》《东莞日报》等报纸每天更新，供读者在服务点内阅读。开放时间：星期一至星期五，上午8:30—12:00，下午14:30—17:30，星期六至星期日晚上19:00—21:30，星期六、星期日白天闭馆。

【巷头村史馆筹建】 2014年，巷头社区为提升文化内涵，计划投入233万元兴建巷头村史馆，打造成党员、群众教育实践基地、乡土历史教育平台。让村民记住巷头村的历史面貌，了解巷头村发展变迁的历程，让一代代后人对家乡更加了解和热爱。巷头村史览馆拟运用图片和文字

巷头公寓花园

资料，展现巷头村的发展历程、毛织业的发展历程，形成一个集宣传、教育、接待、观光、交流等功能于一体的具有巷头特色的展览馆，成为大朗镇文化设施的一大品牌。

文艺团体

【文化队伍】 截至2014年，巷头社区组建有醒狮团、木偶剧团、篮球队、舞蹈队等多支文体队伍，共150多人。同时，聘请相关教学人员进行培训指导，提高技术技能，并规定比赛、表演前必须要认真训练，建立一支推动文化事业发展的主力军，着力打造巷头文化品牌，增强巷头文化的影响力，推动文化事业繁荣发展，促进提高群众生活质素和文化素养。2014年，巷头社区重视文化队伍培养，组织文化管理员及文化志愿者骨干参加全市“文化管理员及文化志愿者专业培训”的学习，提升水平。

【巷头木偶剧团】 巷头民间文艺历史悠久，是东莞市“木偶剧演出创作基地”。1923年，巷头村民陈容满以家庭形式创办木偶组，后因经济问题于20世纪40年代初转让给村民陈镇波。40年代后期，由于战乱的原因，陈镇波转到香港发展，并把木偶组改名为“新世界”木偶班，后一度停办。1977年，巷头大队组建文艺宣传队，重新排演《孙悟空三打白骨精》等木偶剧，发扬木偶艺术表演传统，受到广大群众欢迎，于1979年办，2006年再度重建。

随着经济发展和社会转型，文化多元化，青年人娱乐取向转变，观众锐减，使木偶剧生存发生危机，木偶艺术后继乏人，一些著名木偶艺人后代不愿继承衣钵，社会上也难找人传承。2007年，巷头木偶戏被认定为东莞市级非物质文化遗产名录。2008年3月27日，“东莞市群众艺术馆木偶剧创作演出基地”在大朗镇巷头社区挂牌成立，推动木偶戏文化继承和弘扬。

【朗声曲艺社】 巷头社区朗声曲艺社，创建于2008年，属民间业余团队，吸纳粤曲爱好者，以曲会友。截至2014年，多次承担粤剧演出活动，深受中老年粤剧爱好者的喜爱。

文化活动

【文化活动概况】 2014年，巷头社区结合各种节日和重大事件，举办迎春贺岁联欢晚会、贺新春大型文艺专场活动、庆巷头花园封顶暨元旦文艺晚会、六一儿童节文艺晚会，协办东莞市文化惠民千场文艺汇演，也举办深受广大老年人喜爱的粤剧表演，组织粤曲爱好者参加文化惠民百场培训等，文艺节目丰富多彩。

【社会主义核心价值观学习宣传】 2014年，巷头社区广泛宣传社会主义核心价值观，把人流密集地带作为宣传主阵地；广泛开展“东莞好人”评选活动，涌现陈贵德等典型；在社区毛织文化广场建立“善行义举榜”，宣传好人好事；组织开展“道德讲堂”学先进等多种形式，加强道德教育，5月巷头社区与巷头小学共建“道德讲堂”，举办各类“道德讲堂”活动10场，参与人数4000多人。

【社区文化活动】 醒狮、木偶剧是巷头社区主要特色文化。截至2014年，多次组织龙狮团、木偶剧团参加醒狮贺新岁舞狮表演、麒麟贺岁表演、东莞市龙狮麒麟比赛、大朗毛织风情节演出，并在比赛中屡获奖项，其中2012年和2013年的东莞市龙狮麒麟比赛获第一名、2014年巷头社区粤港澳狮王争霸邀请赛获第一名。“三八”妇女节和敬老节是巷头社区传承传统美德的重要文化节日，2014年妇女节当天组织18岁以上妇女参加活动，人数达1900人次，敬老节当天组织60岁以上老人参加，人数达800人次。结合广大群众的新需求，聘请专业舞蹈教练在毛织文化广场向广大群众和新莞人免费教学广场舞，掀起广场舞热潮，每晚参加人数达1000多人次。

【对外文化交流】 2014年6月，巷头组织木偶剧团参加“莞风遗韵——东莞非物质文化遗产专场演出”活动。11月，组织开展2014年“织城杯”粤港澳狮王争霸邀请赛，邀请来自香港、中山、佛山等醒狮团切磋竞技。巷头传统文化项目“木偶戏”先后参与东坑“卖身节”、桥头镇“荷花节”、茶山镇“东莞市非遗体验日”等镇街的大型文化活动的交流，展示巷头传统特色文化魅力。

文物古迹

【文物古迹概况】 截至2014年，巷头社区文物古迹主要有巡海宫、己逊陈公祠、巷头三围祠堂、关帝庙、佛子宫、大朗古道、安和墟、巷头茶亭等8处。

【巡海宫】　巷头巡海宫古庙坐落在巷头神前塘，始建于明代。此庙为青砖瓦房，深18米，宽12米，分前后两殿，左右两厢中间有天井，建有1个香亭，整个建筑古朴雅观，古色古香。正门两旁有木刻楹联："神恩浩荡，圣德巍峨"。门楣上方书"巡海宫"三字，后殿中坐巡海公、仙姑两尊菩萨，右坐观音、金花夫人两尊菩萨，左坐文昌、太岁、玄坛三尊菩萨，两旁木柱有木刻楹联"巡察万民官致海，大封一品颂惟王"。每逢神诞或过年，村民即在庙前搭舞台演戏，酬谢神恩。善男信女络绎不绝，香火鼎盛。1957年，此庙拆除。1996年，旅港宗亲和村民捐资，按照原貌重建巡海宫。

【己逊陈公祠】　己逊陈公祠，建于清乾隆二年（1737年），以青砖、红石建筑，麻石、坤甸木作柱，长35米，宽12米，面积420平方米。整座祠堂分三进两天井，前面有包台，正门上方用整块红石雕刻"已逊陈公祠"，两旁有木刻楹联："乡贤世胄，学仕家风"。中殿有一方匾书："淳发堂"，后两根坤甸木柱有木刻对联："淳发于莞邑之中国重诗书兰桂腾芳成国栋，发祥自颍川以下家承友爱凤毛济美振家声"。整座建筑古朴雅观，用成陶塑作梁脊，前殿梁脊两端各有一条鳌鱼相对，中殿梁脊上有两龙戏珠，每殿瓦檐一方（四角）各有貔貅陶塑一只，瓦檐下花楣雕刻玲珑精致，古色古香，该祠堂于光绪三十一年（1905年）重修。1999年8月再重修，仍保存着原来的艺术风格。

【巷头三围祠堂】　三围祠堂又名亲睦堂，由巷头、巷尾、求富路社区合建。占地面积900多平方米。建于清光绪十八年（1892年）。整座祠堂用青砖、麻石建筑。分三进两天井，中堂有横匾一块，上书"亲睦堂"，上方又竖有一块匾，书"旨赏穿黄马褂"，为清朝光绪帝赐给陈帝海（巷头人）的匾，陈帝海行善积德，为人品格高尚，受人称赞。其与陈伯陶是好友，交往甚密，而陈伯陶是清光绪年间的探花，曾在光绪帝面前谈过陈帝海的人品，光绪帝甚为赞赏，于是赏赐陈帝海金匾一块，黄马褂衫（金匾、黄马褂衫已失存），每月支三两银。1963年拆除三围祠堂，利用原材料建设新巷头中心小学。

【关帝庙】　关帝庙坐落在大朗氹心，建于元朝，由巷头、巷尾、牛过路所建，庙内正殿供奉关帝神像，右旁用泥塑造一匹关羽的坐骑赤兔马，马旁站着周仓，手握关羽用的青龙偃月刀，两目圆瞪，栩栩如生。相传，赤兔马晚上显露真身，跑出庙外吃庙前田野庄稼，因此长塘在庙前挖了一条约两米宽的水渠，防止赤兔马破坏农作物。凡农历五月十三为关帝诞，庙内更是香火鼎盛，善男信女到庙里焚香祈福。此庙在清朝中叶重修。中华人民共和国成立前，巷头每年年初一到庙里接菩萨回村供奉，队伍场面十分壮观，接菩萨的人选必须是多儿多福的男丁。队伍中，一个青壮年手撑一把御扇，用来遮住菩萨，随后有的撑彩旗，有的提宝扇，还有仪仗队一行，浩浩荡荡十分热闹。菩萨接回来后供奉在东门的神厅里，到了正月十六结灯后，又把菩萨送回庙中，年年如是。1951年，大朗镇政府将此庙拆除，其木材、砖瓦等材料另作他用。

【佛子宫】　佛子宫位于巷头花园北面，原是斜坡上的一间庙，周边种有榕树，传说一些达宫贵

已逊陈公祠

人骑马至此，马便停下来不再往前走，必须要骑马人下马方可通过。同时，大朗古道由此经过，可直达寮步、莞城和厚街等地。

【大朗古道】 大朗古道，在大朗西北部，东起巷头新墟，向西北走，经巷头围面前、神前塘再过石桥水，继续向北走，至表兄佛与寮步镇凫山地界接壤，全长约4公里。路中间铺有条状麻石，当铺至岭头顶时，留下约40厘米宽的地段没铺，相传此处正好是巷头风水龙脉经过的地方，如铺上，必定影响整个村的风水。改革开放后，村内整治村容村貌，原来的道路都改成水泥路，但那个地方仍然没铺上水泥，保留原貌。据说明朝时，这段路已称古道，历来是内外陆路交通的重要道路之一，沿东走通惠州，西北可达莞城、厚街，可谓四通八达。1935年，莞樟公路开通后，大朗古道的行人逐渐减少，成为巷头的村道。

【安和墟】 南宋末年至元初，大朗只有一个墟市——大朗墟。最早的大朗墟是在氹心（关帝庙）附近的高地上，用葵蓬、竹搭起简陋的竹棚作店铺，皆因古时宗族意识很强，陈姓人与叶姓人的矛盾不时发生，因此巷头、巷尾、牛过路村为争一口气，便商量自立门户，另辟墟市，于是在清宣统年间（1909—1911年）在巷头设立一个墟市——巷头新墟（大朗新墟），又名安和墟，逢农历每月二、五、八、十为墟日（当墟的日子）。那时候黎贝岭、松柏朗、松木山、蔡边、犀牛陂的人都到新墟赶集。墟两旁有30多间店铺，有当铺、茶楼、打铁铺、药材铺、杂货铺、绞米铺（碾米厂）等。每逢墟日人来人往，多样的农副产品，鸡、鹅、鸭和猪苗等在这里交易，在离墟不远处还有个牛行（耕牛交易的地方）。在1957年，在新墟的“集仁堂”开设过一个补习班，1958年，大朗中学开始在此招收2个初中班，1959年搬迁。后来又在这里成立大朗医院，到20世纪60年代初，到安和墟投墟的人渐少，墟日也随之取消。

【巷头茶亭】 位于巷头花园西北面，巷头公园的小山脚下，原就有一间茶亭（表兄佛茶亭）。茶亭前面有一段麻石路，路的下面有一口沙井和鱼塘，以前大朗古道由此经过，过往的行人都在此歇脚饮茶。茶亭离围有好几里路，村民到表兄佛耕作，一来一回花时间又麻烦，一般都是早出晚归，中午有些人靠家人送饭，又有些人担着煲，带上油盐米，在劳动之余做饭吃，遇到天气不好，打风下雨，人们就到茶亭来躲避。在20世纪60年代拆除。

族谱、村志、档案

【《巷头族谱》】 2003年4月，巷头成立《巷头族谱》编委会，历经6年时间，通过“寻根”、收集各分支族谱、家谱和整理相关资料等，至2009年3月，《巷头族谱》完成初稿，再经过编辑人员的不懈努力、数易其稿，于2011年正式出版。全书共分六个部分：第一部分前言；第二部分以逊祖谱系；第三部分观逊祖谱系；第四部分甲逊祖谱系；第五部分洪门楼、张、傅、宋、刘谱系；第六部分编后语，共551页约65万字。《巷头族谱》由陈权章、陈柱权、陈冠强、陈均畴、陈钜宁、陈暖根、陈巧红任名誉主编，陈沛森任主编，陈金华任执行主编，陈礼深、陈树桃、陈荏华、陈沃坤、陈仲明任编委委员。

据族谱记载：宋建炎间（1127-1130年）陈傥授广东循州（今惠州）倅，宦游东莞，卜居东莞亭头场。其后，陈氏家族九世祖陈泉朗于宋末元初（距今约740年），因避世乱，途经大朗憩息，见田坑尾地方适宜，可图发展，便迁居至此，为巷头陈氏开族祖先。到十二世祖陈细奴生有五子，长子己逊、二子观逊、三子祖逊、四子庚逊和五子甲逊，子孙繁衍，在田坑尾逐步建立家园后形成一条巷叫“牛𠵱巷”，后来便自然形成了“巷头”与“巷尾”两条村，也就是居巷之前头者奉名为“巷头”；居之尾者奉名为“巷尾”，巷尾后来又分支出“牛过路”（现求富路）。

【《巷头村志》编纂工作启动】 2014年，巷头社区为了全面记载巷头社区的政治、经济、文化、社会等领域的发展情况，为子孙后代留下一份宝贵的文化遗产，决定成立《巷头村志》编纂委员会，由党工委书记陈柱权任组长，下设编纂办公室，由党工委委员陈金华任主任，具体负责统筹协调工作，聘请广东财经大学吴建华教授担任总纂，并抽调10人参与编纂工作，社区拨出专款，做到认识到位、机构到位、人员到位、设施到位、经费到位，预计2016年出版发行。

【档案管理】 截至2014年，巷头村设立档案室1个（2004年获评广东省二级目标管理单位），配档案管理员1人。档案室面积有40平方米（其中库房20

2014年10月22日，《巷头村志》编纂工作会议召开

平方米），设备有档案箱柜18套、空调设备1台、去湿机1台、复印机（含晒图机）1台、电子计算机（含终端）1台、照相机1台、切纸机1台、温湿度计1个、消防器材1个。

截至2014年，巷头社区档案室有历年文书档案468卷，其中永久97卷、长期171卷、短期200卷；历年科技档案合计30卷，其中基建档案94卷、设备仪器档案95卷；历年会计档案1525卷；历年声像档案：照片档案2册，86张图片；录音档案5盒，录像档案6盒，底片档案75张。

巷头木偶戏

【巷头木偶戏渊源】 “木偶戏”又名“木偶剧”。巷头木偶戏始于20世纪20年代，当时村民陈容满创办巷头木偶剧团，经常以徒步的形式，挑着担子到处演出，在珠三角一带颇有名气。抗日战争爆发后，巷头木偶戏渐渐衰落。到1940年，村民陈进波重新招集原巷头木偶剧团班底成员，重组巷头木偶剧团。但好景不长，为逃避战乱，一些艺人都纷纷迁到香港。迫于生计压力，他们在香港重组木偶剧团，更名“新世界木偶班”，演出的剧目有《三英战吕布》《赵子龙拦江截阿斗》等（存有3张巷头村民收藏的香港演出照），受到广大观众的欢迎。“文化大革命”结束后，巷头大队原文艺宣传队再次重组木偶剧团，当时排演《孙悟空三打白骨精》（存有手抄剧本），广受好评。之后又停办。2006年8月，巷头木偶剧团再次恢复，有成员36人。2007年4月，经东莞市人民政府批准，巷头木偶剧被列入第一批东莞市非物质文化遗产保护名录。截至2014年，正在申报广东省非物质文化遗产。

【巷头木偶戏主要特色】 巷头的木偶戏经过近百年的历史积淀，经过几代人的传承与发展，具有独特的特征。

广、精、繁的特征 “广”：

巷头木偶剧《孙悟空三打白骨精》

剧目题材广泛，内容丰富多彩，有历代积累的传统戏和根据古曲名著改编的神话剧，如《六国大封相》《八仙贺寿》《天姬大送子》《樊梨花招亲》《三英战吕布》《赵子龙拦江截阿斗》《孙悟空三打白骨精》等等；剧本文学性强，故事情节引人入胜；台词诙谐风趣，唱词优美生动，揉合广东音乐和粤曲艺术的幽雅旋律，情韵深沉清丽。“精”：巷头木偶的制作精美，头像雕刻形神兼备，不同角色的木偶有不同的脸谱，表情神态各异，形象完整，精美绝伦的偶头雕刻、偶像造型艺术与制作工艺成为当地民间工艺珍品。“繁”：繁复奇妙的多弯把式命杆，机关多样，动作丰富；因手杆在外，身体塑形自由，整体感增强，突破传统造型的局限，更合人物与时代需要；合理的布局、严谨的程序和精妙的操纵技艺，形成巷头杖头木偶戏表演细腻逼真、动作惟妙惟肖的艺术特色。

喜庆的特征　巷头木偶戏带着吉庆特征，凡遇新年节庆、新居落成、开张庆典、迎娶新娘等喜庆时刻，人们都会邀请木偶剧团前来演出助庆，成为喜庆不可或缺的重要部分。

民间的特征　木偶剧团的组建和表演，完全是民间自发自愿的。每到秋后农闲，爱好者就会邀请木偶戏师傅前来按自然村落或按姓氏，在各自的祠堂里表演和教授木偶戏。巷头木偶戏以其独特技艺和精彩演出，成为一般民众、乃至士大夫文人雅俗共赏、喜闻乐见的民间戏曲艺术，成为创造地域特色文化，塑造地域人文品格，构成本地民众日常生活与精神生活内容的有机部分。

民俗文化的特征　巷头木偶戏的器乐剧本、工艺制作，都是历代相传，源于生活，长于生活；巷头木偶戏在表演中能够发挥出飞天遁地、千变万化等等的“能人所能”“能人所不能”的神话传说独特风格，有着深厚的民间信仰和民间崇拜，这些都支撑着巷头木偶戏的起源、生存和发展；巷头木偶戏以其独特的审美文化形态在国内外发展，原因就在于“独特”，而“独特”可以归结为两个字：“真”与“假”。

【巷头木偶戏重要价值】　巷头木偶属“杖头木偶”，是在福建布袋木偶的基础上发展起来的，历史悠久、源远流长、品种繁多、技艺精湛，深受东莞人民的喜爱，是一种有着广泛的社会基础和群众基础的民间艺术。巷头木偶像头雕刻精巧，表演技艺精湛，偶像可作眨眼、喷烟喷火、杀头等高难度动作；木偶艺人集唱、做、念、打和奏乐于一身，是一门融会雕刻、服装、表演、剧本、音乐诸元素的民间戏曲艺术。巷头木偶剧古朴幽雅，集表演艺术和造型艺术、工艺美术溶于一体，是中华民间艺术中的活化石，具有美学的欣赏价值。

同时，巷头木偶戏具有文艺的、宗教的、民俗的、历史的研究价值。因语言与习俗的原因，巷头木偶戏大都在东莞市和周边市、县以及香港等粤语地区演出，由于活动的局限性，受其他剧种的影响较少，保留着较原始的艺术形态与自身特色，不仅具有很高的戏剧学术研究价值，在人类学、语言学、民俗学等学术研究方面同样具有很高的学术研究价值。巷头木偶戏源于福建，是岭南人和闽南人生命形态的体现，也是一种生存方式，具有文化身份认同的意义，是海外侨胞、台港澳同胞维系乡情的精神纽带。巷头木偶戏揉合广东音乐和粤曲艺术的幽雅旋律，采用粤语演唱，是旅居海外的侨胞、台港澳同胞的共同语言，交流方便，沟通容易。

为此，东莞市成立“东莞市群众艺术馆木偶剧创作演出基地”，继承和弘扬巷头木偶文化，发扬中国木偶剧演出艺术，丰富社区群众文化生活。

【巷头木偶戏传承谱系】　巷头木偶戏始于20世纪20年代初，由村民陈容满创办。为了适合粤语地区观众的听觉要求，木偶戏艺人在唱腔上面作较大的改动，采用广东粤剧唱腔为表演形式。到1940年初，陈进波重组巷头木偶剧团，后为逃避战乱而迁到香港，木偶团更名为“新世界木偶班”。截至2014年，巷头木偶剧团经过三度重组。在传承过程中，传承人以自愿为特征，多为社会性松散型。绝大多数木偶戏艺人是因爱好而业余参加活动，在自娱的基础上兼参与营利性演出。虽然演出剧本有所改变，但其形象和表演技巧基本上是师徒相传，这种形式仍然是巷头木偶戏的主要传承模式。由于木偶制作较为繁琐，巷头木偶戏改用从外地订制木偶的方式。

（陈金华　陈汉明　陈丽红　陈星延）

巷头木偶戏代表性传承人

表20

代别	姓名	性别	出生年月	文化程度	传承方式	学艺时间	居住地址	备注
第一代	陈容满	男	不详	文盲	师承	不详	大朗镇巷头村	已故
第二代	陈进波	男	不详	文盲	师承	不详	大朗镇巷头村	已故
第三代	陈桂祥	男	1926.10	私塾	祖传	1940年	大朗镇巷头社区	已故
第四代	陈绍初	男	1947.9	小学	师承	1965年	大朗镇巷头社区	——

教　育

【教育概况】　截至2014年，巷头社区有幼儿园1所、公办小学1所、民办学校1所，在园幼儿420人，在校小学生3080人，在校初中生1028人。

2014年，巷头社区参加中考的学生有10人以699分以上被市重点高中录取，最高分数达747分。巷头社区籍学子参加高考，涌现一批成绩优异的学生。2人考上硕士研究生（分别考上中山大学、澳大利亚国立大学）。20人考上普通本科以上，其中9人考上全国重点本科（1名学生以669分考上上海交通大学）。8月19日，巷头社区召开2014年中考、高考奖教奖学会议，发放奖学金37.2万元。

【学前教育】　2014年，巷头社区有幼儿园1所——巷头幼儿园。3～6周岁在园幼儿入园率达100%。在园幼儿420人，教职工52人，其中园长1人，专职教师26人。教师学历达标率100%。

【九年义务教育】　2014年，巷头社区有公办小学1所——巷头小学，在校生787人，其中户籍人口学生242人，外来随迁子女545人；民办学校1所——东明学校，在校小学生2293人，初中生1028人，均为新莞人子女；东莞市户籍学龄儿童小学入学率100%，小学毕业生升学率100%。

【新莞人子女义务教育】　2014年，巷头社区义务教育学校非东莞户籍学生3866人，非东莞户籍小学生2838人，其中在公办小学就读的非本市户籍小学生545人，初中生1028人。

（陈金华）

【巷头幼儿园概况】　巷头幼儿园占地面积0.39公顷，建筑面积4153平方米。设12个教学班，在园幼儿420人，教职工52人（其中专职教师26人，保育员12名）。2014年再次通过市一级幼儿园复评，并创建成为大朗镇“平安校园”。

【巷头幼儿园经费投入】　2014年，巷头社区为幼儿园投入近30万元，新增设幼儿美术室，添置1647册幼儿读物和一批玩教具操作材料，为运动场地铺上PVC地胶，为全园12个班级把原来的电脑和电视换成教学触屏一体机，使办园条件得到优化。2014年，还获得东莞市学前教育补助资金21.4万元、大朗镇财政补贴4.08万元。

【巷头幼儿园教育质量提升】　2014年，巷头幼儿园举行东莞市基础教育科研2013年度规划课题《幼儿园“四合一”保健管理实践研究》结题鉴定暨成果推介会，此课题获得大朗镇2014年优秀教育科研成果二等奖。幼儿参加庆“三八”幼儿绘画比赛获二等奖2个，三等奖1个；叶泽衡小朋友参加大朗镇幼儿园故事大王比赛获个人一等奖，杨淑婷等小朋友获团体组特等奖，并代表大朗镇参加东莞市幼儿故事大王比赛获团体组二等奖；幼儿舞蹈《光荣宝宝》参加大朗镇幼儿园庆“六一”文艺会演决赛获二等奖，参加大朗镇“钜隆　东逸湾杯”第五届少儿才艺大赛获金奖。教师获大朗镇教育分会优秀论文评选活动一等奖1个、二等奖1个，三等奖3个；教师许冬微被评为大朗镇儿童故事大王低幼组最佳指导奖；朱欠娣、黄志结、肖丽萍被评为大朗镇及东莞市“我讲书中的故事”团体组最

佳指导奖。　　　　（黄志结）

附：2014年巷头幼儿园主要领导名录

园　长：黄芳秀

【巷头小学概况】　巷头小学占地面积1.23公顷，建筑面积6166平方米。有专任教师42人，本科学历37人，教师中有市学科带头人1人，市教学能手6人，镇级名师1人，镇学科带头人13人，镇教学能手18人，36名公办教师中基有小学高级职称的有33人，小一职称3人。学校有18个教学班，学生787人，其中巷头户籍生242人，外来随迁子女545人。

截至2014年，先后被评为"广东省一级学校""广东省现代教育技术实验学校""广东省巾帼文明岗""东莞市绿色学校""东莞市科普标兵学校""东莞市文化建设标兵学校""东莞市青少年科技活动先进学校""东莞市普教系统文明学校""东莞市优秀少先队红旗大队""东莞市普教系统科研先进单位""东莞市百校创新人才培育基地"，2012年被教育部认定为"全国信息化试点单位"。自1999年至2014年，连续获大朗镇教育质量综合评奖一等奖。

【巷头小学教研活动】　巷头小学注重教研组建设，2014年数学教研组、英语教研组、信息技术教研组再次被评为东莞市先进教研组。5月14日，南京教科所教研员杨健到巷头小学传经送宝；5月28日，东莞市123教育联盟各联盟学校在大朗镇巷头小学举行"彰显艺术特色，推进素质教育"课堂教学交流活动；6月17日，广东省语文教研员杨建国到巷头小学指导语文教学工作；6月25日，开放式教育创始人张云鹰校长到巷头小学参观指导。

【巷头小学素质教育】　2014年5月19日，大朗镇小学团体中华经典诵读大赛拉开帷幕。巷头小学低年级的同学参加比赛，参赛节目《韵·乐》围绕"读中华经典之韵，展孩童玩耍之乐"的主题展示《弟子规》和经典古诗的内容，节目形式新颖，活泼生动，孩子们俏皮可爱，充分展示孩子们寓学于乐的意境。深得评委老师和观众的喜爱和肯定，喜获一等奖的好成绩。指导老师黄小丽和洪宝君老师被评为最佳指导老师。

2014年5月29日，巷头小学管乐队参加大朗镇"庆六一"文艺晚会节目选拔赛，所演奏的乐曲《中国进行曲》和《快乐的小牧民》把整个晚会的气氛推向高潮，获得观众的热烈掌声，在选拔赛中脱颖而出，获得1个一等奖和1个三等奖。

2014年5月30日，国际儿童节前夕，巷头小学举办第六届体

巷头小学

艺节闭幕式暨“六一”文艺会演。为让学生体验别具一格的“六一”国际儿童节，学校特别组织校级庆“六一”游园活动。

【机器人活动】　自2003年开始，巷头小学重视机器人活动建设，投入大量资金添置机器人器材，成立机器人活动兴趣小组，开展智能机器人活动，多次在市级赛中获得冠亚军，并代表东莞市参加省级赛。2014年，学校获得“东莞市百校创新人才培育基地”称号，并获得财政12.4万元专项资助。

2014年4月19—20日，巷头小学派出4个项目代表队12人参加东莞市青少年机器人竞赛，经过角逐拼搏，巷头小学学生分别获得FLL机器人挑战赛一等奖（冠军）、现场拼装赛一等奖、机器人创意闯关比赛二等奖、机器人足球比赛三等奖，指导教师程马峰获评东莞市青少年机器人竞赛优秀教练员。5月8日，第十届东莞市中小学电脑机器人活动在松山湖南方外国语学校举行，巷头小学派出4支代表队10人参加比赛，经过现场拼装，现场焊接，现场编程和现场调试，巷头小学4支代表队全部获奖。巷头小学以全市积分第二名，获得优秀组织一等奖，指导教师程马峰获得优秀指导教师奖。

【科技模型比赛】　2014年11月22日，东莞市在黄江第二小学举行第八届中小学车辆模型比赛，全市有500多名参赛选手参与。巷头小学派出学生参加安全行车积分赛、四驱车拼装赛、环保创意直线距离赛、平跑车1/16竞速赛共四个项目14名队员参加比赛，且获得较好的成绩：安全行车积分赛获得二、三等，四驱车拼装赛获得二、三等奖，环保创意直线距离赛获得一、二等奖，平跑车1/16竞速赛获得一、二、三等奖。

2014年11月18—19日，在第三届东莞市中小学建筑模型比赛上，学校学生获得第三届东莞市中小学建筑模型比赛纸结构承重赛季军和“锦绣江南”古典园林创意赛三等奖。

在2014年12月“让梦一翼起飞翔小学生科技模型（阳光二小）邀请赛”中巷头小学学生获得一等奖3个，二等奖3个，三等奖7个。

【红领巾爱心跳蚤市场义卖活动】　2014年5月23日，巷头小学举办红领巾爱心跳蚤市场义卖活动。此次义卖每班各设一个“跳蚤市场”展位、一个教师义卖专店、一个家长志愿者义卖店位。各展销点各显神通，以博得“客人”青睐，活动现场热闹非凡。此次活动募得6914元爱心基金，这场义卖活动不仅是师生爱心的见证，而且也锻炼学生的能力，深得学生喜爱和家长的好评。

【巷头小学教育信息化建设】　2014年9月25日，东莞市电视台实地采访巷头小学教育信息化工作。巷头小学校长陈爱华从师资、硬件、课堂、家校互动等方面介绍学校教育信息化工作，并阐述“微课掌上通”的优势，教师代表高慧、家长代表蔡敏、学生代表邵镕、陈翰榆就“微课掌上通”的使用接受采访。

东莞市电视台还实地拍摄教师王浩光上数学整合课、陈俊荣通过阶梯室录播系统上写字课的课堂实况和校园信息化环境。此外，副主任韦荣哲介绍微课资源库的情况。在10月14日东莞市家校互动平台“微课掌上通”推广应用专题培训中，巷头小学校长陈爱华受邀介绍学校“微课掌上通”推广经验、教师程马峰介绍学校推广做法。

【巷头小学举办第八届科技节并承办大朗镇科普知识竞赛】　2014年12月12日，巷头小学举办第八届科技节并承办大朗镇科普知识竞赛。佛山市高明区沛明实验小学校长陈家维、中山市三乡镇鸦岗小学校长郑燕梅、中山市三角镇沙栏小学校长吴博事等10名外市学校嘉宾前来参观，约100名镇各校参赛师生代表、120名学校参赛家长、志愿者和全校师生参与其中。

科学表演秀结束后，科技节各项比赛项目、表演观看项目、科学大富翁游戏同时开展。在电教室进行的大朗镇科普知识竞赛，现场无比安静，各校参赛选手专注聆听竞赛题目迅速作答，一轮轮“硬战”凸显大朗镇科普教育卓有成效，学生科学修养之高。在一楼教室中开展的科学大富翁游戏却是人声鼎沸，学生有秩序地参与富有吸引力的科学闯关游戏中，力争获得10个以上印章以获得精美小礼品。首次亲子合作体验科学项目之“签”线搭桥竞赛场上，亲子齐上阵，凭借亲密无间的默契和较强的操作能力，完成一座座凝聚爱和科学智慧的桥梁。

与此同时，四驱车比赛、纸飞机竞赛、魔方、魔棒折叠比赛、木桥梁称重比赛、纸承重比赛、纸船承重比赛开展得如火如荼，吸引不少学生驻足观看，或为参赛者呐喊助威，或为参赛者出色表现大声喝彩，或为参赛者的失误摇头叹息。另有科幻电影供观看，精美小制作发明供观赏，显微镜七巧板供观察，处处弥漫着浓厚的科学气氛。

此次科技节全校学生共参与，充分调动学生感官，或观察或动手，或倾听或思考，去体验科学奇妙无穷的乐趣，激发学生“爱科学、学科学、用科学”的热情。（程马峰）

附：2014年巷头小学主要领导名录

校　长：陈爱华

2014年巷头小学集体荣誉表

表21

年/月	奖项	级别
2014年4月	东莞市青少年机器人竞赛FLL工程挑战赛（小学组）冠军	市
2014年5月	东莞市第一届小学生运动技术技能展示活动中，“一校一品”展示获三等奖	市
2014年9月	东莞市中小学生器乐比赛中，获得小学组优秀奖	市
2014年11月	第三届东莞市钟小学建筑模型比赛季军	市
2014年12月	广东省中小学第七届“暑假读一本好书”活动中，获优秀组织奖	省

2014年巷头小学教师荣誉表

表22

年/月	获奖者	奖项	级别
2014年1月	陈俏婷	东莞市小学数学青年教师教学研究小组成员，任期三年：2014年1月—2016年12月	市
2014年1月	陈俭英　叶丽嫦　刘艳菲　高　慧　陈福亮　陈高照　陈沛华	东莞市普通教育科研成果三等奖（2014年7月5日）	市
2014年2月	陈福亮	东莞市优秀科技论文三等奖	市
2014年3月	陈高照	被评为2013年度“东莞市优秀少先队辅导员”	市
2014年4月	程马峰	获2014年东莞市青少年机器人竞赛优秀教练员称号	市
2014年5月	韦荣哲	被评为东莞市中小学第一批小学英语教学能手	市
2014年5月	陈俊荣	被评为东莞市中小学第一批小学美术教学能手	市
2014年5月	陈艳平	被评为东莞市中小学第一批小学语文教学能手	市
2014年5月	刘宝富	东莞市小学体育与健康教学能手评选活动中获说课三等奖	市
2014年5月	陈俊荣	东莞市小学美术教学能手评选活动中获评课一等奖	市
2014年5月	陈俊荣	东莞市小学美术教学能手评选活动中获说课三等奖	市
2014年5月	陈俊荣	东莞市第五届中小学美术课堂教学（录像课）评比活动中获二等奖	市
2014年6月	谢淑媚	2013年东莞市小学科学“高效课堂”优秀教学设计评选活动中获二等奖	市
2014年7月	谢淑媚	第22届广东省青少年科技辅导员论文和课件设计征集活动中获一等奖	省

续表22

年/月	获奖者	奖项	级别
2014年7月	吴法杰 陈福亮 周惠仪	第22届广东省青少年科技辅导员论文和课件设计征集活动中获二等奖	省
2014年9月	程马峰	《用超级链接设计导航》在2014年全市多媒体教育软件比赛中获小学组多媒体课件三等奖	市
2014年9月	袁淑华 程马峰 王浩光	2014年全市多媒体教育软件比赛中获小学组整理课例二等奖	市
2014年10月	谢淑媚 陈福亮 周惠仪	第二十二届全国青少年科技辅导员论文征集活动中获三等奖	国家
2014年12月	袁淑华 程马峰	2014年广东省计算机教育软件评审活动中获基础教育组信息技术与学科教学整合课例二等奖	省
2014年12月	王浩光 程马峰	2014年广东省计算机教育软件评审活动中获基础教育组信息技术与学科教学整合课例优秀奖	省
2014年12月	陈俭英	广东省中小学第七届“暑假读一本好书”活动中，获优秀指导老师奖	省

2014年巷头小学学生、家长荣誉表

表23

年/月	获奖者	奖项	级别
2014年2月	方 洲	东莞市第七届小学生信息技术应用能力现场展示活动获电脑现场作品Office项目三等奖	市
2014年3月	钟麒宇	文章在《广东第二课堂》2014.3总第529期上半月版刊登	省
2014年4月	陈育泉 陈凯达	2014年东莞市青少年机器人竞赛一等奖（机器人现场拼装赛）	市
2014年4月	谢铭杰 胡梓彬 陈宇健 钟麒宇	2014年东莞市青少年机器人竞赛一等奖（FLL机器人挑战赛）	市
2014年4月	孙鸿淇 方洲 陈世德 陈乐彬	2014年东莞市青少年机器人竞赛二等奖（机器人创意闯关赛）	市
2014年10月	邵 镕 方欣浙 程钰童	东莞市第六届英语口语大赛大朗选拔赛三等奖	市
2014年12月	陈世德 杨树森 钟徐妍 毛锴馨	“让梦—翼起飞翔小学生科技模型（阳光二小）邀请赛”获一等奖	市
2014年12月	陈锐垄 郭恩帆 陈嘉琳 陈洁娴 钟汶泓 吕婧敏	“让梦-翼起飞翔小学生科技模型（阳光二小）邀请赛”获二等奖	市
2014年12月	陈梓聪 叶展伸 陈宇健 胡 欣 刘惠娴 朱蓉玉	“让梦—翼起飞翔小学生科技模型（阳光二小）邀请赛”获三等奖	市
2014年12月	邵 镕	广东省中小学第七届“暑假读一本好书”活动中，获二等奖	省

【东明学校概况】 东明学校占地面积2.23公顷，建筑面积1.91万平方米。全校有63个教学班，学生3321人。其中初中19个班，学生1028人；小学44个班，学生2293人，有专任教师118人，其中专科学历86人，本科学历32人，学历全部达标。2014年度评出“优秀班干部”189名、“四好少年”252名、“优秀共青团员”95名，“优秀少先队员”1320名，“优秀值日生”126名。

2014年，东明学校严格按照《东莞市市义务教育课程设置

实验方案》要求执行课程计划，开齐开足课程，使用规定的教材和教辅资料，按新课程标准具体实施课程计划。严格控制学生在校时间，严格执行自测制度，严格执行收费标准；学校遵循均衡发展原则，不设重点班、快、慢班，师资安排平衡，教学活动面向全体学生，不放弃任何一个后进生，使学生在德、智、体、美、劳诸方面得到全面发展。

学校以多媒体教学为切入点，吸引学生的注意力，提高课堂教学的效果。2014年，学校投资30多万元添置或更新全校63个班级的多媒体教学平台，提高课堂教学效果。

学校定期开展现场作文竞赛、数学竞赛、英语口语竞赛、硬笔书法比赛、讲故事比赛、朗诵比赛、低年段识字比赛和绘画小制作比赛等活动;组织学生参加大朗镇的中小学各项竞赛并屡屡获奖。2014年，范雯艳和叶诺娃分别获书画比赛一等奖;卓依暖获书信比赛一等奖;黄琳和王佳俊以满分的成绩名列全镇数学比赛第一名，黄少鹏和刘阳获一等奖；李诗晴等获现场作文比赛三等奖；林世俊等8名学生分别获英语口语比赛优秀奖；陈舒妤被评为东莞市优秀少先队员；朱世璇和章卫珊被评为东莞市优秀学生。（岳勇辉）

附：2014年东明学校主要领导名录

董事长：卓天德

校　长：汪可新

体　育

【**体育概况**】　截至2014年，巷头社区设文化体育办公室，有体育工作者10人、社会体育指导员8人、各类体育项目的裁判员6人、运动教练员5人。篮球和醒狮运动是巷头社区传统体育品牌，截至2014年，巷头社区有篮球队5支（男子甲、乙、丙、丁组和女子组），醒狮队伍2支，多次在各项赛事摘金夺银。巷头社区因此于2008年获评“广东省东莞市体育先进社区”，2012年获评“广东省城市体育先进社区”。还先后为国家输送陈耀华（国家水球队队员，后任广东省水球队教练）、陈艳芳（国家射击队队员，2004年参加全国性的射击比赛，战胜雅典奥运冠军杜丽、世界冠军赵颖慧，夺得女子气步枪40发射击冠军）等体育人才。

【**体育设施**】　截至2014年，巷头社区体育场地有1.27万平方米，公共体育场地面积1.06万平方米，企业单位体育场地面积2100平方米。篮球场11个(含学校、企业)、排球场1个、羽毛球场3个、健身路径1条、乒乓球台15张、健身室1个、标准田径场1个、龙狮训练基地2个、青少年活动室（内有乒乓球台、桌球台）1个，各项体育设施日臻完善。

【**篮球培训**】　篮球运动在巷头社区有着浓厚的群众基础，每年开展以春节、暑假、青少年等各类型的篮球竞赛活动，更在暑假期间积极开展青少年篮球培训，多次与镇内、外的球队进行篮球比赛交流活动。2014年7月15日至8月15日举办巷头社区暑期篮球培训班，招生100多人。2014年，社区有成人甲、乙、丙、丁组和女子组5支球队，各队伍每星期定期训练，并积极参加各级篮球赛事。

【**篮球竞赛**】　截至2014年，巷头社区篮球队先后获得2011年大朗镇学生暑期篮球赛初中组冠军、高中组亚军，2012年大朗镇春节篮球赛甲组第五名，2013大朗镇春节篮球赛甲组第五名、丙组第二名。

2014年，巷头举办社区篮球比赛、暑假青少年篮球比赛、参加镇大学生篮球比赛、镇春节篮球赛、镇青少年篮球对抗赛等，获大朗镇春节篮球赛丙组第一名。

2014年8月18日，巷头社区举行篮球赛颁奖仪式

【龙狮麒麟比赛】 醒狮是巷头的体育文化品牌，而大朗镇醒狮协会即设在巷头。截至2014年，先后在各项赛事摘金夺银，获得国际赛金牌1枚，省级赛金牌（一等奖）4枚、银牌（二等奖）1枚，市级赛金牌（一等奖）8枚、银牌（二等奖）5枚，镇级赛金牌（一等奖）8枚、银牌（二等奖）1枚。其中：1997年，巷头醒狮团在东莞市第四届运动会醒狮比赛中夺得亚军。2000年，巷头醒狮团受国家体育总局指派，代表中国参加在加拿大多伦多举行的国际醒狮邀请赛，一举夺冠。2002年，巷头醒狮团被授予“东莞市第三届文化艺术玉兰奖”。2004年，参加东莞市“新世纪”杯夺得一等奖。2006年，参加“广东传统龙狮锦标赛”，夺得儿童组第一名；参加“东莞市第二届龙狮大赛”，获高桩狮第一名，传统狮第二名；参加“大朗镇龙狮大赛”，高桩狮获第一名，传统狮A队获第一名，B队获第二名。2008年，参加东莞市第三届龙狮、麒麟运动大会，高桩南狮一等奖、二等奖，传统南狮一等奖、二等奖，舞龙一等奖；参加大朗镇第三届龙狮、麒麟运动大会，高桩南狮一等奖，舞龙一等奖。2009年，广东省“钟村杯”传统龙狮、麒麟锦标赛，醒狮团儿童组获得一等奖；醒狮团少年组获得二等奖；女龙队获得一等奖；参加大朗镇第四届龙狮、麒麟运动大会，获醒狮高桩一等奖；儿童组、少年组获传统狮一等奖。2010年，参加东莞市第四届龙狮、麒麟运动大赛，获传统南狮一等奖。2012年，参加东莞市第五届龙狮、麒麟运动大赛，获男子南狮高桩自选套路第一名。2013年，参加东莞市第六届龙狮麒麟大赛获高桩第一名。2014年，参加东莞市第七届龙狮大赛获亚军；参加大朗镇“织城杯”粤港澳狮王争霸邀请赛获金奖。

【“织城杯”粤港澳狮王争霸邀请赛】 2014年11月，由大朗镇文学艺术界联合会主办，巷头社区承办的东莞市大朗镇“织城杯”粤港澳狮王争霸邀请赛举办，来自粤港澳三地的6支醒狮团伍参赛，经过角逐，巷头醒狮团一举夺得金奖。

（陈金华 陈汉明 陈丽红 陈星延）

2014年11月6日，大朗镇“织城杯”粤港澳狮王争霸邀请赛在巷头举行

社会

- 节日习俗
- 婚嫁习俗
- 喜庆风俗
- 丧葬习俗
- 家规祖训

劳动就业

【就业概况】 2014年，巷头社区人力资源服务站有工作人员6人。2014年，服务站做好高校毕业生和户籍劳动力就业工作，加强企业招用工服务，推进职业技能培训，提升劳动者就业创业能力，推动实现更高质量的就业。实现登记失业人员就业服务率100%，城镇登记失业率控制在3%内，东莞生源应届高校毕业生就业率达到100%。

【就业津贴补贴发放】 2014年，巷头社区人力资源服务站向在各企业工作的大中专毕业生发放企业岗位津贴27.08万元，涉及40人次；发放工资差额补贴约30万元，涉及就业困难人员1104次；发放新自主参训补贴16.23万元，涉及119人次；发放灵活就业补贴7600元，涉及38人次；发放青年见习生活补贴5525元，涉及3人次；发放其他类型补贴5000元，涉及1人次。

【劳动工资执法检查】 2014年，巷头社区人力资源服务站通过社区工资支付情况大检查、清理整顿人力资源市场秩序、用人单位遵守劳动用工和社会保险法律法规情况检查、劳务派遣用工情况检查等多个专项检查，检查企业30家次（其中劳务派遣公司5家次）。

【劳动争议调处】 2014年，巷头社区人力资源服务站处理突发事件73件，涉及劳动者171人；处理欠薪逃匿企业7家，涉及劳动者144人，组织垫付劳动者工资56万余元，维护劳动者的合法权益。

社会保障

【社会保障概况】 2014年，巷头社区参加养老保险1666人，住院医疗保险3758人，门诊医疗保险3758人。

【农（居）民养老保险】 1995年，巷头社区开始实行养老金发放制度，每位老人每月100元和粮油供给制。1998年，巷头社区为村民购买财产保险。2000年11月，根据市政府文件规定，大朗全面实施农（居）民养老保险制度，首次向达到年龄条件的村民发放农保保费。2014年，巷头社区农（居）民养老保险参保1658人，养老保险支出428万元。

【农（居）民医疗保险】 2002年，巷头社区开始为村民购买农（居）民医疗保险。2014年，巷头社区农（居）民医疗保险参保3751人，医疗保险支出187万元。

【失业保险】 2014年，巷头社区失业保险参保2000人，失业保险支出60万元。

【工伤保险】 2014年，巷头社区工伤保险参保3504人，征缴工伤保险基金10.9万元；终结工伤事故数8宗。

【计划生育养老保险】 2006年，巷头社区开始实行计划生育养老保险，2014年，计划生育养老保险参保437人，保费支出2.04万元。

（陈耀明　陈志强　韩玉婵　陈冠平）

民　政

【社会救助】 2014年，巷头社区有低保对象8户21人、低保脱贫续救对象1户3人。发放低保对象及低保脱贫续救对象各项补助金4万元，其中：低保金2万元；省、市春节补助金1万元；食品、燃气和用水等补助0.5万元；低保家庭、低保脱贫家庭、低保边缘家庭在读学生9人。五保供养对象3人，其中入住敬老院2人，分散供养1人；全年共向27名困难对象发放医疗救济金1.35万元。

【老龄工作】 2014年，巷头社区为80名符合条件的老人申办IC卡，累计全社区办卡老人达1300人。协助市做好高龄津贴申报、审核、报送和发放，社区有312名老人享受高龄津贴。社区年满60周岁的社区居民751人，每年每人发放老人金300元，全年发放270万元。

依托社区（村）老人活动中心和社区综合服务中心这一平台，巷头社区将每年农历“八月初八”定为“敬老节”，组织热心人士为敬老活动捐赠经费。2014年，收到捐款63万元。并结合市举办的老年人运动会与老年人艺术节，组织老年人开展曲艺、粤曲、棋牌、书画等文娱活动，丰富老年人生活。

【慈善事业】 2014年，巷头社区配合大朗镇社会事务局发动社会热心人士组织参与慈善活动，开展“广东扶贫济困日”和“东莞慈善日”系列活动，动员社会各界开展募捐活动，接收捐款1.3万元。开展社区服务日、慈善书画拍卖、访贫慰问等一系列活动，在元旦、春节、“三八”节、“六一”节期间开展“玉兰花开、大朗商会公益行”、“爱心父母一帮一”等助学和慰问贫困家庭活动，慰问30户家庭，发放助学金、慰问金1.5万元。

【扶贫帮困】　2014年，巷头社区有“有劳动能力低保贫困户”3户，全部落实干部以“一对一”“多对一”的方式结对帮扶。截至2014年，社区有1户达到脱贫标准。

【残疾人工作】　2014年，巷头社区有86名残疾人。大朗残联为他们发放各项津贴和补助18.14万元；为64名符合条件的重度残疾人、精神病患者和困难残疾人购买社会基本医疗保险，投入2.49万元。开展居家康复服务活动，巷头社区首批有5名居家康复服务对象，投入1.8万元。

2014年，巷头社区为4名视力残疾人及其家属参加盲人定向行走训练，帮助其掌握外出行走的基本技巧；为5名视力残疾人免费配发和安装“讲屏软件”。对社区23多名精神病患者建档立卡和定期回访病情。为符合适配条件的20名残疾人免费配置机动轮椅车、轮椅、拐杖等辅具。为20名符合条件的困难白内障患者实施免费复明手术救助。在春节和“全国助残日”期间，巷头社区对残疾人开展慰问活动，慰问残疾人16人，发放慰问金8000元。2014年，巷头社区办理残疾人用工申报手续的用人单位有5家，安排残疾人就业7人。

【殡葬改革】　1997年起，巷头社区推行火葬有18年，1998年起，火葬率达100%。出台实行火葬的奖励措施，社区农业户口居民辞世的，补助家属4000元；社区非农业户口居民辞世的，补助家属2000元（其中，2014年，巷头社区用于殡葬改革的补助12万元）。2004年大朗镇公墓永安园建成后，每年4月开展“殡改宣传月”活动。截至2014年，巷头社区有70%的居民把先人迁入园内。

妇儿、家庭

【妇女儿童维权】　2014年，巷头妇代会组织妇女学习《中华人民共和国婚姻法》《中华人民共和国妇女权益保护法》《中华人民共和国劳动法》，参加“三八维权周”系列活动和关爱妇女儿童、反对拐卖与预防儿童安全事故宣传月活动，开展“和谐家庭零暴力”反家暴宣传活动和展“幸福东莞行亲子同乐日”特殊群体亲子活动。

【儿童健康成长】　2014年，巷头社区妇代会先后开展创建儿童友好社区，建设家庭教育专业街，在巷头小学和东明小学五六年级学生开展青春期教育，举办单亲家庭学生的教育讲座、家庭教育分享会，举行亲子户外郊游

2014年9月2日，巷头社区举办第十五个敬老节

活动，举行利用旧"利是"封手工制作灯笼活动，促进儿童健康成长。

【家庭文明建设】　2014年，巷头妇代会通过开展"寻找最美家庭""培育和践行文明家风""好家风""让家庭远离火灾""平安家庭评选""东莞市书香之家"等系列活动，促进家庭文明建设。

配合大朗镇妇联开展"好婆婆、好媳妇、好丈夫"候选人推荐活动，推荐陈瑞琼为好婆婆，陈浩芬为好丈夫。经群众评议，推荐张淑芳家为"平安家庭"。

巷头关工委邀请东莞市家庭教育讲师团副团长张润林为家长作《如何做合格家长》专题讲座，策划以家庭教育为主题的道德讲堂，筹建巷头小学家长学堂并以访谈式家教讲座的形式开展第一场培训。

【"玉兰花开·大朗商会公益行"关爱进社区活动】　2014年1月18日，巷头社区妇联在巷头毛织文化广场开展"玉兰花开·大朗商会公益行"关爱进社区活动。市妇联主席黄慧红、镇委委员陈慧娟等出席启动仪式。大朗商会捐赠26.6万元活动启动资金，并向困难学生发放助学金。仪式结束后还举办巷头社区家庭趣味运动会，加强亲子沟通，促进家庭和谐。

（陈敬弟　叶李平）

【关心下一代】　巷头社区关心下一代工作委员会共有成员9名。2014年，配合学校举行教育活动，组织学生军训，组织低年级的学生到番禺百花谷开展实践活动，高年级到虎门海战博物馆、深圳"锦绣山河"景点参观。组织学生举行旧利是封循环再用环保手工制作活动，给学校赠送《中华文明礼仪》，并让班主任每周组织礼仪教育主题班会。

开展对后进青年转化工作，社区青年陈某某因家庭原因辍学在家，社区关工委主任陈金华知道后，组织社区关工委成员多次座谈并家访，使其复学。

开展社区文体活动。组织青少年暑期篮球培训班，吸收青年30人参加一个多月的培训。在巷头小学组织学生中开展醒狮武术操训练，成立醒狮武术社团。聘请师傅到学校来指导。

（陈金华）

附：2014年巷头社区关心下一代工作委员会主要领导名录

主　任：陈金华

卫　生

【医疗卫生概况】　截至2014年，巷头社区设社区卫生服务中心等门诊、诊所、卫生站、医务室、社区卫生服务机构等基层医疗机构4个，卫生技术人员8人（执业医师3人、护士5人），其中社区卫生服务中心营业面积286平方米。

致力于为儿童、老人的健康服务。2014年，巷头社区有0～6岁儿童281人（其中0～3岁儿童141人）；65岁以上老年人502人。巷头社区卫生服务中心全年为妇女儿童、老年人提供健康服务420人次。

【爱国卫生运动】　2014年，巷头社区开展防控春夏季传染病爱国卫生运动统一行动宣传活动，印发宣传横幅4条，宣传海报10份、宣传资料500份，开展以除"四害"、清洁环境卫生等爱国卫生运动活动4场次。

【药店】　截至2014年，巷头社区有东莞国药、荔生堂药房等药店15家，每千人药店营业面积为25平方米。各大药店经营规范，备有70%以上的国家基本药物品种，均按有关规定配备执业药师等专业人员。

（陈敬弟　叶李平　陈伟斌）

计划生育

【计划生育概况】　2014年，巷头社区常住人口出生271人，出生率为22.22‰，自然增长率19.19‰，完成2014年度人口和计划生育各项工作任务。

【计划生育鼓励】　2014年，巷头社区发放计生养老保险金、失独家庭扶助金、节育奖等补助近5万元。镇财政拨款1.5万元，为219个独生子女、农村纯二女结扎户各购买一份计生家庭意外伤害保险。开展系列针对计划生育贫困家庭的帮扶慰问活动，向8户次家庭发放慰问金和助学金3万元。

【计划生育服务】　2014年，巷头社区重点加强对地中海贫血、高风险者的随访，加强出生缺陷干预。全年检查24对，完成率达100%，检测地贫基因分析48人，随访率达100%。稳妥实施"单独二孩"生育政策，规范审批流程，简化手续、方便群众，做到服务到位、实施到位。提供优质计划生育技术服务，加

2014年7月22日，巷头社区召开计划生育工作会议

大对计划生育技术服务的人力投入，集中时间开展查环查孕查病服务，全年检查1500多人次；为计划生育受术者提供车辆接送、专人陪护等人性化服务。

【流动人口计划生育管理】 2014年5月中旬至6月底，巷头社区统一开展流动人口计划生育服务管理专项活动，清理清查出租屋2间、商铺267间、工地1个、住宅小区1个、厂区宿舍1间，新建信息卡120人，查验流动人口计生证明38人，查环查孕40人次，落实计划生育措施16例。加强与江西省全南县、福建省永春县、阳江市阳春县等人口流出地计生部门交流协作，共同抓好流动人口服务管理。

（陈敬弟　叶李平）

附：2014年巷头社区妇联主要领导名录

主　任：陈敬弟

新莞人

【租住人员信息采集】 2014年，巷头新莞人服务站并入巷头社区社会综合管理办公室，有管理员6人。2014年，巷头社区强化租住人员信息采集，采集出租屋信息4965条，更新新莞人信息2580条，录入新信息4755条，注销367条，当年有效新莞人信息7355条，租住人员的信息采集率与完整率均超过89%。

【出租屋管理】 2014年，巷头社区对辖区内所有的建筑物摸底调查，累计登记建筑物6852栋（套）。截至2014年，巷头社区办有租赁证的出租屋1143个（其中，2014年新增办4个，注销4个）；征收房屋租赁税21.11万元。

2014年，巷头社区推行出租屋网格化管理模式，按照“定格、定人、定责”标准落实出租屋包干管理。结合涉黄问题专项整治、消防隐患排查整治等行动，2014年开展出租屋大清查行动6次，出动人数316人次，排查出租屋168间次，登记出租屋问题隐患信息55间次，消除出租屋内的治安、消防等安全隐患。

（叶李平　陈伟强）

节日习俗

【春节】 是中国民间最隆重的传统节日。春节包括正月初一以

2014年1月10日，巷头社区举行恭贺新年仪式

后几天，巷头俗称“做年”，

初一早上，男女老少早早起床，穿戴一新，见到每一个亲人、朋友都要恭喜一番，恭喜之后少不了派利是。“利是”由长辈派给晚辈、已婚的同辈派给未婚的同辈。巷头习俗，年初一到十五，不管年纪大小，不管认识与否，只要未婚，只要见面道“恭喜发财”，已婚的人都要派给利是，图个吉利。

初二这天称“开年”。家家户户都奉香、燃放爆竹。这天的“开年饭”菜肴丰盛，旧时必有发菜、蚝豉、生菜等（取其谐音“发财”“好市”“生财”），一定要有鱼有肉，寓意“年年有余（鱼）”、财运亨通。饭后，已婚夫妻带着孩子到岳父母家去拜年，要携带饼干、糖果等礼品，名为“带手”或“伴手”，由岳母分送邻里乡，故初二又称“迎婿日”。其他人则携带年果礼品等去探亲访友，互相“拜年”。是日，在上年出生的男孩，还要举行开灯仪式。

每年从初三开始，巷头都要举办形式多样的欢度春节文体活动，如舞麒麟、舞狮、舞龙、演戏、体育竞赛等，一直持续到正月十五（元宵）。

【鬼日、人日】 农历正月初七为人日，根据巷头传统习俗，当日为所有人的生日，颇为隆重。旧时，是日人人都要吃鸡蛋，家家燃放爆竹，拜神奉香。进入21世纪，吃鸡蛋的人少了，但家家都会焚香祈福。

【元宵节】 农历正月十五为元宵节，又称“上元节”“灯节”。中华人民共和国成立前，巷头每年新生男孩在农历正月初二举行开灯仪式。是日，家长们到茶山镇购买一批泥公仔回来，摆设在祠堂里，谓之“造灯棚”。正月十四晚叫“庆灯”，十五晚叫“正灯”，十六晚叫“结灯”。凡新生男孩开灯，家长们要凑钱设宴，宴请全村60岁以上的男丁，是日，祠堂大摆筵席，谓之“饮结灯酒”。

中华人民共和国成立后，一些繁文褥节革除，但仍有设宴请亲戚朋友饮灯酒的风俗。进入21世纪，巷头许多商家或住宅小区会在元宵节当日举办猜灯迷活动，场面非常热闹。

【土地诞】 农历正月二十为土地诞，巷头是日举行抢花炮活动。首先由上年抢到头炮、二炮、三炮者送还炮胆（叫还炮）。炮是用竹篾包纸、中间用高射火药扎成，直径15厘米、高30厘米。正午12时在村前，举行抢花炮活动。将炮依次点燃，射向天空，炮胆徐徐落下，村民争先恐后上前争夺。抢得头炮者，奖锦标一面及银两若干，抢到二炮、三炮者依次奖励，寓意新的一年发财顺利、光景美好。待来年同期还炮胆还钱。中华人民共和国成立后，此俗革除。

【观音诞】 相传农历二月十九为观音菩萨诞生日；六月十九为观音菩萨成道日；九月十九为观音菩萨圆寂日。这3天，都称为“观音诞”。旧时，巷头村民聚集到观音庙参拜，上香祈福。中华人民共和国成立后，人们大多在家吃斋和供香，到庙里上香者渐少。

【财神诞】 农历三月十五为财神诞，巷头商人多于店铺祀奉赵公元帅，以祈招财进宝，生意兴隆。

【清明节】 “清明”是农历二十四节气之一，也是民间祭祀祖先扫墓的传统节日，一般在公历4月5日前后。古人有“清明无客不思亲”之说，故又叫“思亲节”。

中华人民共和国成立前，巷头多为男丁去扫墓。是日，各家各户男人带上三牲、粉果、纸钱、香烛等祭品，到祖先坟前陈列致祭，清除墓地杂草，燃放爆竹等。同姓宗族携烧金猪（烧乳猪）一同去拜祭。拜祭后，分猪肉，60岁以上者分2份，70岁以上者分3份，80岁以上者分4份，中学生的分双份，大学生的分得更多，其余各分一份。见面即分，不去不分。分完剩下一部分，则在山头饮酒、食肉，热闹一番。

“文化大革命”时期，扫墓被当作迷信被革除。进入1980年代，清明祭祖活动又逐渐恢复，2007年清明节被纳入中国法定节假日后复兴。当天，联宗祭祖减少，也不再仅限于男丁，而是全家男女老少一起来到墓地，将酒食果品供祭亲人墓前，然后焚化纸钱祭拜。对于那些羁留异乡的人们，有条件的会尽量赶回来，港澳同胞多回乡祭祖。清明节前后，学校、团体也会举行各种吊祭烈士活动。

【浴佛节】　农历四月初八为浴佛节，巷头称“黄瓜节”。是日，农家多食黄瓜、炊糕仔。善男信女带着小孩到供奉佛像的庵堂寺院上香。

【端午节】　农历五月初五为端午节，相传是为了纪念战国时期楚国的伟大诗人屈原。巷头村民在端午节前几天就会包粽子，也有部分人选择到酒店、饭店购买。端午节当天，家家户户吃粽子，备家宴。已婚妇女于早餐后带上粽子以及其他礼品回娘家探亲（结婚后的第一次探亲，叫大探），娘家要给回米糕，叫“回盆”。这一传统风俗一直沿袭。2007年，端午节被纳入中国法定节假日。

【七夕节】　农历七月初七为七姐诞，又称“乞巧节”。传说是牛郎织女鹊桥相会的佳期，人称“七夕”。巷头未婚的女青年聚在一起组织七姐会，在这一天备办7种水果、7种鲜花，人人素衣，穿戴干净、打扮漂亮，于深夜“拜七姐”，当空遥拜，祈求七姐赐给她们聪明、才智，故称“乞巧”。许多村民用埕、罐到井中汲水，密封保存，经久不腐不臭，这叫“七姐水”，当作清凉饮料。

中华人民共和国成立后，此俗渐淡。进入21世纪，七夕节逐渐演变为中国“情人节”，许多青年男女会在这一天互赠礼物，以表达爱意。

【中秋节】　农历八月十五是中秋节。巷头习俗有“送中秋”“探中秋”“赏月”等活动。月饼是必不可少的赠送礼品和赏月食品。节前，各商家摆满各式月饼出售，卖纸扎灯具的小贩也比比皆是，琳琅满目，五光十色。外婆要购买月饼、花生、柿子、香蕉及纸扎玩具送给外孙，祝愿外孙学业进步、身体健康，谓之“送中秋”。

中秋节期间（初一至十五），每当夜幕降临，每条大街小巷，都有小孩在玩耍亮丽的纸灯，互相追逐嬉戏，并各自炫耀自己的灯漂亮。他们都希望人家的灯早些让蜡烛烧个大洞而报废，以图一个捧腹大笑，且显示自己的灯了得。中华人民共和国成立前，巷头青少年还举行“迷八仙”“迷蟾蜍仔”等活动，中华人民共和国成立后渐消失。

中秋节晚上，一家人围坐在露天处，摆起月饼、花生、柿子、香蕉等食品，焚香秉烛“赏月”，欢聚一堂庆团圆，月过中天，尽兴而散。

【重阳节】　农历九月初九为重阳节，又称“重九”，巷头村民举行扫墓祭祖、悼念先人活动，仪式与清明节相同。这时秋高气爽，人们又有“登高”游山的习俗，一直盛行。

【冬至（回娘家）】　“冬至”是农历二十四节气之一，也是一个隆重的民间俗节。时间在公历12月21—23日之间。这天的白昼时间最短，此后渐长。

冬至是一个大节，是年节之尾，人们讲究好头好尾，故一定要过好这个尾冬（与粤语“美冬”谐音），巷头俗称“做冬”。中华人民共和国成立前，“做冬”很隆重，巷头一直有“冬大过年”之说。节前家长督促孩子理发，农村教私塾教师从此日结业（解馆）。家家必备各式粉果，在家祭祖，并备丰盛家宴，以示庆贺。

冬至到，巷头出嫁女要回娘家，一大早带上粉果、猪肉、肥鸡、大桔、饼干、糖果等食品从婆家赶回娘家，以感谢父母养育之恩，此谓“拜冬”。其父母会将女儿带来的食品分袋派发给亲朋好友分享。

【除夕】　农历十二月最后一天（廿九或三十）为除夕，俗称“年三十晚”。

临近除夕，巷头各家各户都忙碌起来，做过年的准备：炒米印饼、春粉炊年糕、炸油角和糖环；动手大扫除；购买香烛、爆竹及备办各种年货。

“除夕”当天，家家户户张贴门神、对联。对联的联语因贴在不同的地方而有所不同，贴在大门上的有“玉堂富贵、金屋荣华”等，贴在厨房门上的少不了“山珍海味、美味佳肴”等字眼。贴完春联还要到花市买花，摆放在家中，营造春天的气氛，同时，也有花开富贵的寓意。

年三十晚还要“卖懒”。当天早上，用“棕木（苏木）”加上碱水，熬出红色的汁，放入鸡蛋，染红，煮熟，就做成“卖懒”的鸡蛋。这种红鸡蛋除“奉神”外，家里大人小孩每人都要吃一个，而且小孩子的鸡蛋要分一部分给别人吃，意思是把身上的“懒”气“卖”给别人。入夜，小孩子手拿染红的熟鸡蛋，到村旁“卖懒”，边行边哼着卖懒歌。

除夕这一天，家家要给祖先神灵供奉肉类、香腊等，称为“酬神”。晚餐最为隆重，称为吃“团年饭”。凡外出工作，甚至远在香港、南洋的亲人，有意回乡过年的，都历尽艰辛、设法赶回来吃团年饭。一家人团聚在一起吃丰盛的晚饭，欢声笑语、共叙天伦。随着生活水平的提高，到酒楼吃年夜饭的人们越来越多，档次也越来越高，一般要提前一个月预订。

是夜，有的人家彻夜灯火通明，合家坐在灯火旁，聊家常、看电视、玩扑克、打麻将，至“交子”（23时），称为“守岁”。“交子”一到，大街小巷鞭炮齐鸣。2001年起，大朗镇禁止燃放烟花爆竹。

（陈金华　陈源深）

婚嫁习俗

【传统婚嫁习俗】　中华人民共和国成立前，传统的婚嫁习俗仪式繁琐。

择配　中华人民共和国成立前，男女双方虽到婚嫁年龄，却不能自由选择，全靠“父母之命，媒妁之言”。男家请媒人到女方“要年庚”，或女方向男方“放年庚”（“年庚”即出生年、月、日、时辰）。双方各将年庚请算命先生测算，若相合，男家便请媒人告知女方，择吉日双方“相睇”（相亲），或由媒人代睇（看）。若双方满意，则由女方写明“食单”（聘金、食物、衣服、金银首饰等），由媒人送往男家，双方酌量后作出决定。这叫“择配”或“相亲”。

定亲　男女双方同意后，写成柬帖（柬帖按双方商定的“食单”写成），择定吉日，由媒人和男方家人担着聘礼送到女方，女方收下并送回男方红糖或糖果，这叫“定亲”，又叫“行茶”。

报日　定亲后，由男方择定迎娶吉日良辰，把“吉日”（写在一张纸帖上）和“定亲”时余下的聘金、食物等，一起由亲属和两名男童送往女家，称为“报日”。女方受礼后，送回“花旗饼子”。男方将“花旗饼子”分送给亲戚朋友，预示届时“担担”送礼。女方亦将礼饼送亲戚朋友，预示届时“送手巾”。“报日”后，男方忙于筹办迎娶新娘的准备；女方则忙于订做嫁妆。出嫁娘整天呆在家里缝制衣服、被褥、枕头等物，晚上与同辈姐妹一起在楼阁里学唱嫁娘歌，学梳妇人髻，俗叫“求阁”。

开厨　成婚前一天，男方请亲戚朋友来饮喜酒，并请鼓手（八音）吹打“牌子乐”，由亲人抬着三牲、果酒、香烛、纸钱等供品，新郎肩披大红带，在众亲人簇拥下到祠堂祭祖，到庙堂酬拜神灵，回家后举行安大床仪式，这天称“开厨”。

同一天，男家把应送的酒茶、礼品、“利是”等送到女家，这叫“赠厨”。女方即把陪嫁妆奁派人送到男家，这叫“搬嫁妆”。伴娘于前一晚把嫁衣折好放进木杠（木制衣箱）内，放上两封红包（“利是”），一双橘子，两枝柏叶，用六、九、十二个不等的铜钱或银元放入杠内，这叫“叠杠”。

当晚，男方新郎“加冠”，俗称“上头”，先沐浴，穿上白色衣服，以示清白之身。

成婚程式　迎亲日为正厨，男方大摆筵席，宴请亲戚朋友和族中各户亲房。亲者全家都请，疏者只请户主。

迎亲　用大红花轿，由八音鼓手吹吹打打相伴至女家。此时女方陪嫁的姐妹们关上门，向男方讨“开门钱”，经双方“讨价还价”，男方给“利是”，方得进门。女方以礼款待后，由“大妗娘”将新娘背上花轿。有的地方还要“抢亲”，陪嫁姐妹事先备好竹竿、石子等在楼阁上，待男方迎亲队进屋后，就摔石子、捅竹竿。此时“大妗娘”顶着竹筐，在男方几名青年的护卫下，强行登上楼阁，把新娘接下，背上花轿。回程中，新娘沿途“哭”唱出嫁歌，哭歌内容有感谢父母生育教养之恩，还有哭回想同姐妹一起生活而分别难舍之情等凄凉歌词、悲切动人。至新郎门前，“大妗娘”背起新娘跨过事先燃起的火盆进入新房，准备行结婚礼。

当晚先举行“揭头帕”仪式。新郎轻轻挑起新娘的红头帕，轻打三下。揭头帕后，主婚人率领新郎、新娘拜堂“告祖”，互相对拜宣读婚礼祝文（祝文后附），然后点燃龙凤花烛，送进洞房（新房）。新郎预邀七位青年人闹洞房，用各种各样的“难题”（如要新郎新娘同咬一颗橄榄、糖果等）逗新郎、新娘取乐，新郎、新娘须服从闹洞房人意见。直闹到深夜，众人将新郎推到新娘身上，把房门关上，这叫“送房”。然后众人各自回家。

番面（返面）　结婚后一天便散厨（尾厨）。清晨，新娘到水井打水回来，用盆捧水给家翁、家婆洗手、洗脸，这叫“洗和顺水”。然后，按照尊卑捧着水盆沿家向亲属递水，最后，同样按顺序捧酒。

早饭后，新娘乘轿回娘家。在娘家吃晏昼（午餐）后再乘轿返男家，称“返面”。之后，岳父、岳母要送回猪苗一或两只，鸡苗六至八只，这叫“番面猪，番面鸡”，以扶助女儿发展家庭经济。

回门　婚后第三天，新郎、新娘步行到女家，作“新女婿”，称“回门”。（有的地方“返面”、“回门”一起做）。

满月　婚后一个月，男家备礼物，新郎陪新娘回岳父母家。之后，新郎先回，让新娘在娘家住几天后，回礼由新娘带回男家，这叫“满月”或称“住够月”。

探新年　婚后第一个春节，一般在年初二，新婚夫妇备办礼物到岳父母家拜年，这叫“探新年”。

至此，整个婚嫁的程式才算结束。一般是富者繁，贫者简。

【现代婚嫁习俗】　中华人民共和国成立后，许多传统的婚嫁习俗或仪式由于繁琐，已经被巷头人省略掉，“择偶”“定亲”“揭帕”等式微。1950年，政府颁布《中华人民共和国婚姻法》，确定婚姻自由的准则，大多数青年都是自由恋爱，条件成熟，向双方父母沟通一下即可。婚礼则多数是发些请贴，摆酒席，请亲朋好友相聚一下，热闹一番。改革开放以后，婚礼在化繁为简的同时，增添许多时尚新元素，拍婚纱照、婚车迎送、到酒店摆喜酒、婚礼过程录影、旅游结婚、度蜜月等司空见惯。结婚日新郎兴穿西装打领带，新娘兴穿婚纱。进入21世纪，集体婚礼成为时尚，许多年青人热衷于参加集体婚礼。巷头的婚嫁习俗虽然被简化和创新，但仍保有一些比较重要的环节：

请期　亦即“择日”，男家请算命先生择定良辰吉日，找个迎娶的好日子，以求婚事顺利、二人和顺。当吉期确定后，再通知女家为女儿出嫁作好准备，便是“请期”。

嫁女饼　就是女方在结婚前向亲朋好友派发喜饼，宣布女儿将出嫁的喜讯。喜饼要为双数，取其成双成对的意头，一般蛋糕店均有售，标准按客人的要求而定。

抢新娘　结婚的前一晚，新郎车队到新娘家接新娘，在巷头谓之“抢新娘”，这是整个婚礼中最热闹的环节之一。当晚，男女双方都要叫上一些亲戚朋友，人越多越好，男方称“兄弟”，女方称“姊妹”，做“姊妹”的必须是未婚女子，由新郎、新娘分别请客。抢新娘的时间一般是老一辈的人来订的，等到吉时，新娘及其姊妹就把门窗关得严严实实，等待向新郎收取开门“利是”；新郎则率领众兄弟，在鞭炮声的伴随下，各自驾车，去接新娘。到达新娘家，新娘的姊妹都不开门，要拿开门“利是”，一般开价是9999元，取其好意头长长久久，同时也祝新婚夫妇婚姻生活天长地久，然后兄弟们她们讲价，但是一般都讲不成的，然后兄弟们会去踢门、敲窗，把门窗弄坏了，冲进去，然后新郎再给开门“利是”。进去新娘房间，新郎要持捧花给房中待嫁新娘，还要找她们预先藏好的红鞋，找到后，新郎才能带新娘走。走的时候，伴娘或大妗娘撑红伞伴新娘出门，意味开枝散叶，而且还要边走边撒米。上车后一般到十字路口，都要放鞭炮。在半路上，兄弟们都可以去拦截花车，向新郎、新娘要“利是”。

敬茶　结婚当日，新人在拜过祖先后，要向父母敬茶，不单代表答谢父母养育之恩，同时亦代表双方家长接纳新郎或新娘为家族中的新成员，是身份被确认的象征。新家翁、家姑及长辈喝新娘茶后，会送上金手镯、玉器等手饰作为新媳妇的见面礼。

（陈金华　陈源深）

喜庆习俗

【满月】　凡孩子出生，不论男女，在满一个月的时候，都要“做满月”。是日，外祖父母预先备好新衣帽、新项链、新背带、银镯等为礼物。婴儿剃除胎毛后，穿上新衣帽，拜谒祖先，亲戚朋友也给婴儿送来贺礼。主人家则摆设酒席酬谢宾客。

【开灯】　凡生男孩，在春节期间，择吉日在祠堂挂上花灯、点燃蜡烛、香火，祭祀祖先，这叫“开灯”。开灯时，外婆要为外孙备办开灯红袍、酒肉等礼物。全村生男丁的“灯头”集体办备大批五颜六色的泥公仔装设村中祠堂里，谓之摆灯景。花灯挂在祠堂中谓之点花灯（抗日战争时期采用纸扎灯）。开灯者集资统一购备猪肉、鱼丸、三牲、酒礼，献给村中长辈在祠堂里分期作“贺灯、庆灯、结灯”饮宴。

中华人民共和国成立后，繁琐的“开灯”风俗被废除。但遗风仍存，新婴开灯，购置一个纸扎花灯回家挂在家中，便是开灯。原来“开灯”只请男丁，进入20世纪80年代，男女都请。其时，亲友们向孩子赠饰物、衣服、送红包（利是）。进入21世纪，到酒店摆灯酒者日众。

【诞辰】 小孩子年年生日，都要吃熟鸡蛋。成年男子结婚后第一个生日叫“新生日”，要备办家宴、拜祭祖先。岳父母要送长裤、鞋袜等给女婿。一般闲散生日，多在家中备菜肴，以示庆贺。逢整十生日称大生日（如三十、四十、五十岁），酒菜较丰盛。

【寿辰】 中华人民共和国成立前，人生七十古来稀，一般人能活到60岁就算难得，故祝贺60岁生日较为隆重。富贵人家，每到60岁寿辰，屋里张灯结彩，悬挂寿帐、寿联，亲友馈赠礼物，还有送寿仪。出嫁的女儿，为母祝寿，寿礼中必要有猪肚，以示孝顺慰肚，主人宴谢宾客，食物中必要寿桃（粉果）。妇女做寿要宰母鸡，吃猪肚，以示“延年益寿”“快生快发”，做寿之人则要谢宾客、子孙、媳妇，给予鞋履、寿钱、红头绳等。若夫妻同谐到90岁，要举行花烛重逢仪式（即复用他俩新婚时的仪式）。

中华人民共和国成立后，寿辰仍属喜事。凡年届六十、七十、八十岁生日，均叫拜大寿，一百岁称“期颐”，更为隆重，儿女、亲友登堂相贺，以示孝敬。进入21世纪，大操大办的情况渐多。

【建新居】 中华人民共和国成立前，建新屋要择好时辰吉日，不可与生人时日相冲。按吉日破土动工时，要先购备元宝、蜡烛、纸钱，焚烧拜请土地公公，然后建筑。架梁时又要请喃呒佬喝“龙点睛”，才能把梁升上去。中华人民共和国成立后，只择吉日破土奠基动工。

【新居入伙】 中华人民共和国成立前，新屋建成后，择吉日迁居，谓之“入伙”。是日，先在厅堂安好祖先神位，在门口贴上新对联，摆上供品，点燃香烛，拜谒祖先。一家人有的手提灯笼，有的肩挑谷萝，内装有谷、米、龙眼干、大桔、柏叶、榕叶等，入屋时，高呼：“进伙大吉、大富大贵、子孙昌盛、兰桂腾芳”等吉利语，只准携火入，不准拿火出，寓意全家住得平安。入伙后，主人要摆设宴席，酬谢前来送礼贺喜的宾客。中华人民共和国成立后，此俗已经简化，多为亲友以礼相贺，主人设宴酬谢。

乔迁新居的喜庆习俗，与新屋入伙基本相同。

【分炊】 儿子们结婚后，家庭成员增多，兄弟妯娌间在日常生活中会遇到很多问题，为妥善安排，办法就是分炊，俗称“分食”。父母要事先备好谷、米、鱼、肉、餐具、炊具等分给儿子们，是为分炊。

（陈金华 陈源深）

丧葬习俗

【传统丧葬习俗】 中华人民共和国成立前，巷头民间的丧葬形式，迷信色彩浓厚。其间又因贫富分简繁。

老人病危，要移至厅堂，灌其饮糖水，用柚叶煮水抹身，儿女在床前守候，谓之“送终”。临终前，要给老人穿“寿衣”和新鞋袜，调换躺着的方向（头向入、脚向出），家属手持点燃的线香下跪送别，俗称“熏气”。老人死后，在其头前和脚后分别点上油灯，俗称“长明灯”。亲人跪在遗体前，放声痛哭，叫“哭丧”。死者家属托亲眷持讣告或口头去转报其他亲友，称“报丧”。报信人不得入其门。亲友接报后，前来吊祭，并送“赠仪”，谓之“吊丧”。

入殓前，死者的长子或长孙作“孝子”，到河涌“买水”给死者“洗面”。入殓时，棺内底部放白布（或白纸），遗体盖上蓝布（或蓝纸），并用瓦片垫头。之后，盖棺，钉上长钉，放在空旷地里让亲戚朋友前来祭奠告别。仕官富贵人家，请和尚、尼姑修斋念经超度死者，或请喃呒佬念经咒舞弄一番，为逝者超度亡灵。“出殡”（又名“出丧”）时，死者长子身穿素服持“哭丧棒”（丧棍）引魂，女儿媳妇孙辈头罩白色“戽斗”、赤足跟随，沿途撒“纸钱”，其后是送殡的亲友，每人手持白毛巾。亲属扶棺到坟穴，各亲属手捧一撮土撒入穴内。葬毕，众人不声不响地回家，亲友每人领取一点白饼和一条红头绳回去，取吉利之意。此后，每隔七天拜祭一次，直至第七周，谓之“做七”。但一般人都守丧一个月，不作“拜七”，而经过一个月谓之满月，又叫“缨红”。此外，还有“百日”，做“英雄”等习俗，按期祭奠亡灵。至此，服丧期满，其亲属不再戴孝，亦即“除孝”。

未婚的青年男女死亡，不点头脚灯，不用买水、担幡等仪式。

【现代丧葬习俗】　中华人民共和国成立后，这些繁文缛节大部分被革除，一切从简。特别是从1997年起推行火葬，火葬率达100%。亲人在殡仪馆开个追悼会，寄托亲属对死者的哀思。

（陈金华　陈源深）

生活方式

【居民收入】　从20世纪80年代开始，巷头社区建设大量的厂房和住房出租，通过物业租赁，每年都要收取巨额租金；据2014年普查登记，巷头居民的房屋（含厂房）约有6800栋108.8万平方米，几乎家家户户都有可观的房租收入，有的年收入数十万元，少的也有几万元。

【居民消费】　从20世纪80年代开始，随着巷头工业化和城市化的推进，依靠传统的农业作为经济收入唯一来源的时代一去不复返，收入的逐年增加，使巷头居民的衣食住行等生活条件逐步得到改善，居民的生活水平不断提高，居民的消费观念也悄然发生变化。

不仅局限于原来在村里的衣食住行等基本需要的满足，而是更加注重通过消费提升生活的品质，追求更加健康文明的生活方式。走进巷头社区，私家车随处可见。每逢节假日，更是人流如潮、车水马龙，商店里、街道上到处都是提着大包小包的行人，酒店茶楼里人头攒动，饮茶论事，其乐融融。

随着巷头花园的竣工，巷头社区居民“上楼居住”，对于农民来说，意味着彻底成为城市人，实现向市民的转变。

尤其是文化生活发生根本性的改变。对教育的投资日增，许多居民喜欢跑书店、读书，接受良好的教育逐渐成为居民生存发展的第一需要和终身受益的财富。随着互联网知识的普及和现代化通信的发展，平板电脑、平板电视进入寻常百姓家，智能手机更新换代，玩手机、上网看新闻看文艺节目成为日常的生活方式。

在日常生活中愈加注重环保，注重绿色消费，节约资源与能源，实现可持续消费。

（陈金华　陈源深）

家规祖训

【陈氏祖训】　据《陈氏族谱》记载，陈氏祖训如下：

明明我祖，汉史流芳，训子及孙，悉本义方。

仰绎斯旨，更加推祥，曰诸裔孙，听我训章。

读书为重，次即农桑，取之有道，工贾何妨。

克勤克俭，毋怠毋荒，孝友睦姻，六行皆藏。

礼义廉耻，四维毕张，处于家也，可表可坊；

仕于朝也，为忠为良，神则佑汝，汝福绵长。

倘背祖训，暴弃疏狂，轻违礼法，乖舛伦常。

贻羞祖宗，得罪彼苍，神则殃汝，汝必不昌。

最可憎者，分类相戕，不念同气，偏论异乡。

手足干戈，我心忧伤。愿我族姓，怡怡雁行。

通以血脉，泯厥界疆，汝归和睦，神亦安康。

引而亲之，岁岁登堂，同底于善，勉哉勿忘！

【陈氏家训】　据《陈氏族谱》记载，陈氏家训如下：

事亲必孝，待长必敬。兄友弟恭，夫义妇顺。

冠婚丧祭，秉礼必慎。学文必功，习武必勤。

治国必忠，治家必严。居功毋骄，见恩必谢。

士农工商，择术必正。毋听妇言，而伤同气。

毋作非法，而犯典刑。

毋以众而暴寡，毋以富而欺贫。

毋以赌博而荡产业，毋以谣辟而坠家声。

制行唯严以律已，处世当宽以绳人。

苟能行之于久久，当必报之以冥冥。

兹训词实系废兴，诵之再三，尔其敬听。

【陈氏家规】　据《陈氏族谱》记载，陈氏家规如下：

敦孝悌以重人伦，笃宗族以昭雍睦。

和乡党以息争讼，尚节俭以惜财用。

解仇忿以重身命，训子弟以禁非为。

躬稼蔷以知艰难，忍耻辱以

保家业。

读诗书以明理义，祭祖宗以展孝思。

亲师友以成德行，慎交游以免损累。

严乘祧以息讼端，禁烟赌以杜下流。

置义田以赡贫乏，互守望以防盗贼。

主忠信以植根本，守本分以寡过恶。

务谦逊以迓吉益，辨义利以定人品。

【《巷头村村规民约》】 截至2014年，巷头社区制定1部《巷头村村规民约》。

2001年1月1日，巷头村党支部、村委会根据国家法律法规制定并经全体党员大会和全体村民讨论同意，一致通过《巷头村规民约》，并印发每家每户1册共同遵守。《巷头村规民约》分：总则、精神文明建设、附则3章，其中精神文明建设章又分：社会治安、果树管理、偷窃处理、文明村、文明户、邻里关系、婚姻家庭、计划生育7节，共51条。目的是提高全体村民自我管理、自我教育、自我约束的能力，规范村民的行为和道德准则，更好地维护社会治安，确保村民的切身利益。

附：

巷头村村规民约

第一章　总则

第一条　为进一步发展社会主义市场经济，加强农村精神文明建设和民主法制意识，搞好农村社会治安综合治理，把各项事业纳入法制轨道，促进本村的经济发展，为规范行为，特制定本村规民约。

第二条　本村规民约依照党的政策、国家法律法规规定，结合本村的实际情况，经两委干部和全体党员及村民代表集体讨论而制定。

第三条　全体党员干部和群众都要认真学习，自觉遵守本村规民约，为搞好本村的经济、搞好村民间的团结和社会治安而努力。

第二章　精神文明建设

第一节　社会治安

第四条　每个村民必须加强政治理论学习，不断提高政治思想水平，不仅要学法、懂法，还要守法，自觉维护法律的权威和尊严，敢于同一切违法犯罪行为作斗争。

第五条　自觉维护社会秩序，不打架；不结伙斗殴，严禁侮辱诽谤，恐吓他人和造谣惑众，不阻碍公务人员执行公务。

第六条　严禁盗窃、抢劫、敲诈勒索、贩毒、吸毒、赌博、包庇罪犯、窝赃销赃。

第七条　不得持有、制作、出售、传播淫秽物品，严禁卖淫嫖娼，不得有调戏侮辱妇女等违法犯罪行为。

第八条　对举报违法犯罪行为、勇斗歹徒、抓获犯罪分子的给予表扬和奖励。

第九条　遵守用水用电管理规定，不得损坏水利、交通、通讯、供水、供电、消防、生产等公共设施。

第十条　新增用水用电用户，必须向有关部门申报，不得随意乱拉乱接；如需迁移电线、电器设备及有关供水设施，需报请有关部门批准后方可进行，否则后果自负。

第十一条　用户违章用水电或偷水偷电，造成水电设施损坏的要负责赔偿一切损失和承担由此而引起的一切责任。

第十二条　遵守交通规则，不得在道路和公共场所乱堆放杂物、乱停放机动车辆、乱摆摊挡等妨碍交通。在主要道路和交叉路口乱堆乱放杂物的，集体派员将其清理归公。在主要公路和交叉路口，车辆乱停乱放造成交通阻塞，经教育无效后，由治安队进行放气惩罚并辅以罚款。横过马路要一停二看三通过，注意交通安全。

第十三条　遵守消防管理条例，保证用电用水安全，严禁纵火爆炸。不得在村内乱放危险物品及易燃品，严禁乱生火种，如发生事故要负一切责任。彻实消除火灾隐患，确保人身安全。

第十四条　遵守户口管理规定，一切外来劳工暂住必须到治安队申报户口，办理暂住证集体、个体厂商，厂方必须派员统一办理；零散杂工须由出租屋主倍同办理，规定时间内超过15天不申请户口的每次罚款（30元—50元）。

第十五条　申报户口收费及私人出租屋管理收费按上级有关规定执行。

第十六条　凡私人房屋出租给外地劳工，屋主要做好管理工作，如发生事故，追究屋主责任。

第十七条　民营企业要遵守各项法律法规，严格执行《劳动法》，不得无故随意压低工价和克扣工人工资。如发生劳资纠纷致使该厂工人集体（5人以上）上访到村委会的（包括治安队）或劳动部门的，收取500元作劳资纠纷处理费；工人上访到镇府的收取1000元处理费；上访到市政府的收取2000元，其款项由厂家负责。

第十八条　民营企业要正确处理主雇的关系。做到和睦相处，严禁斗殴、打架，若发生此类事情一经调查是其厂方过失，其经济责任由厂方负责。

第十九条　厂方不准留宿非本厂工人，违反者按治安管理条例处以罚款。如该厂忽视对工人的管理，管理制度不完善而发生刑事案件所涉及的经济责任由该厂负责。

第二十条　民营企业在发展生产的同时要按安全生产放在第一位，要在本身企业上制定有关安全生产措施，保障工人的生命财产安全，坚决杜绝三合一工厂。

第二节　果树管理

第二十一条　做好对现有荔枝的管理是我们村民的责任。不仅要管理好老果树，而且要发展新果树。如群众需要基建，建筑物须离树冠边缘1米以上。

第二十二条　基建时因建筑物需剃树丫的，必须经村委会、村民小组两组同意，并与树主协商同意后进行。补偿规定：每寸（以直径计）应补偿50元（不足一寸的按一寸计），如此类推计算补偿。未经批准或无协商自行私自剃去荔枝丫的按每寸处罚100元（不足一寸的按一寸计）如此类推计算。以上赔偿或处罚款50%归村民小组，50%归树主本人。如果树主本人所为的，其补偿费全部归村民小组。

第二十三条　群众承包的荔枝树，原则上不能兑换，特殊情况经双方所在村民小组同意，并报村民委员会主管干部批准后方能兑换。

第二十四条　围园内荔枝树死亡，要由园主负责赔偿。赔偿办法如下：

（一）正常死亡的，以每百斤树面挂果率计算（以槐枝为准，米枝、桂味为槐枝的三倍，以下相同）分三类处理：（1）、100斤树面以下的应赔偿5000元；（2）、200斤树面以下的赔偿10000元；（3）、200斤树面以上赔偿15000元。

（二）人为故意造成死亡的要加倍处罚，即100斤树面以下为10000元；200斤树面以下的赔偿20000元；200斤树面以上为30000元罚款。故意造成严重死亡的并要追究其法律责任。

第二十五条　园外荔枝人为造成死亡用来搞基建，按院内人为造成死亡的方法处以罚款，即100斤树面以下为10000元；200斤树面以下的赔偿20000元；200斤树面以上为30000元。

第二十六条　整枝树干蓄意砍掉（不见树干）每枝（株）罚款按原村民小组评估产量计算，其处理方法按院内人为造成荔枝死亡的赔偿方法处理。园外死亡的荔枝如果属人为的亦同样按院内处理，如荔枝树面覆盖多家的，要按每家的覆盖面积划分罚款。

第二十七条　死亡荔枝树所遗留的地基属园内的，按树面覆盖面积计算每平方米计500元。属园外的经批建小组批准，按实建面积计每平方米500—1000元（因地理位置书费）。

第二十八条　对以上户主造成荔枝死亡的处罚执行由村民小组（村民小组代表）、调节委员会、治保委员会共同实施。罚款款项的处理：付回树主按100斤产量1000元给付，其余归集体所有。

第三节　偷窃处理

第二十九条　村民必须自觉执行法规法纪，共同维护集体利益，杜绝小偷小摸行为，违反者罚款处理，荔枝按每个计罚款：糯米糍、桂味、妃子笑10元；槐枝5元；杂枝3元；芒果每个5元；龙眼每斤100元；香蕉每斤50斤；杂果每斤50元。其他偷窃行为按具体分类实施处罚，晚上加倍处罚。

第四节　文明村、文明户

第三十条　搞好社会主义精神文明建设，提倡爱祖国、爱人民、爱社会主义、爱科学、爱劳动的高尚情操，树立讲文明、讲礼貌的社会主义道德风尚。

第三十一条　按照东莞市提出的具体要求开展文明村、文明户活动。注意美化环境和搞好环境卫生，按村组划分地段，专人管理、专人清洁公共场所环境卫生，防止蚊蝇孳生，减少疾病发生。

第三十二条　遵守《卫生公约》不得在村内燃烧废弃杂物，有污染的工厂不得建在村内。各家各户、各工厂和店铺应搞好周围的环境卫生，不得乱丢垃圾，垃圾必须放在垃圾桶内。严格处理污水排放，猪栏的粪便要及时清理。凡无通过静化的化粪池一律要改建，如劝其不改作罚款处理。天花水不能任其流落路面，必须安装水管流入排水沟。

外来人租住本村村民房屋造成环境卫生严重污染的，要追究屋主责任。经教育仍不改的由环卫部门和治安队实施处罚或取消外来人暂住户口管理。

第三十三条　加强乡村建设的规划和管理。村民建房必须按有关规定办理手续，要到城建报建批准后并经村城建小组验线后方能施工，严禁违章建筑。不按所批准的方位、面积及其楼层高度、水平标准、步级规定、化粪池位置、楼层跳位和下水管走向等规定建筑的，造成多占或违反的，坚决拆除或辅以罚款。在建筑施工时要注重安全，要落好安全网，防止意外事故的发生，且不得妨碍交通。旧房改建，必须在改建前经城建小组派员到场记录方可改建。违反者经教育仍不执行有关规定建设的，实施停水停电处理。

未经批准不得私建山坟，违反者罚款3000元并按规定收取墓基费。在条件许可下续步改建公共陵园。坚决执行上级的决定，人死后实施火葬，并由村委会出资4000元给予办理后事。

第五节　邻里关系

第三十四条　村民之间要和睦相处、相互尊重、相互谅解、相互帮助，在民事活动中应遵循公平、自愿、等价有偿、诚实信用的原则。

第三十五条　不动产的相邻各方，应正确处理截水、排水、通行、通风、采光等方面的相邻关系。

第六节　婚姻家庭

第三十六条　村民必须遵守《婚姻法》；实行婚姻自由，一夫一妻，男女平等的原则，结婚必须依法登记，禁止包办、买卖婚姻和其他干涉婚姻自由的行为。

第三十七条　夫妻的家庭地位平等，共同承担家庭责任，对共同财产有平等处理权，双方有互相抚养的义务。

第三十八条　父母对子女有抚养和教育的义务，子女对父母有赡养扶助的义务。父母、夫妻等家庭间的遗产，依照我国《继承法》规定办理。

第三十九条　嫁出本村的女村民不得享受本村的经济福利待遇，并在办理结婚登记后迁出户口，未迁出户口而生育小孩的，每个小孩收取20000元押金后方可入户，但不能享受本村的经济福利待遇，该款待迁出户口后如数归还。非本村男性公民结婚到本村落户的，要办理入户手续后方可享受本村村民同等的经济福利待遇。

第七节　计划生育

第四十条　村民要自觉履行宪法规定的义务，认真执行《广东省计划生育条例》，实行计划生育。

第四十一条　禁止早婚早育，推行一对夫妻生育一个子女，育龄夫妇必须持有生育证才能生育子女。

第四十二条　凡生育了一个男孩的育龄夫妇必须领取独生子女并要上环，经有关单位批准后方可生育第二个小孩，但间隔期必须满四年，否则按市镇规定处罚。

凡已生育两个小孩的不论是男是女必须按规定采取结扎措施。违反者按上级规定处罚，并不得享受本村的福利。

第四十三条　违反计划生育的夫妇，除应按上级有关计划生育规定处罚和实行结扎后才能申请入户外，全家（以户口簿为准）还不得享受本村（包括生产队）的一切集体福利待遇（除有规定外，其中未婚生育10年；抢生10年；超生14年）。以前违反的按当时有关规定执行。

村民抱养小孩，一定要经民政部门办理有关手续，否则不准入户。强行抱养小孩的，按违反计划生育处罚。

第四十四条　因结婚户口暂未能迁出或迁入的育龄夫妇其计划生育属本村管理。

第四十五条　严禁弃婴、虐婴，违者交由公安、司法机关处理。

第四十六条　不得藏匿违反计划生育的人，不准刁难、围攻、打骂计划生育工作人员，不准在计划生育工作中徇私舞弊、弄虚作假，违反者按市镇规定的处罚标准罚款并交由司法机关处理。

第四十七条　每年进行4次妇检，每次妇检期限两天完成，如有逃避的，则全家停止享受一切福利待遇。

第四十八条　禁止未婚生育，凡达到法定婚龄未登记结婚而怀孕的青年，按前来登记时推算，怀孕3个月以下罚款5000元，怀孕3个月以上，在处罚5000元的基础上，每超1个月加罚1000元计，如此类推，处罚后方可办理登记结婚和办理生育证。

第三章　附则

第四十九条　本村规民约由村党支部、村民委员会组织实施。

第五十条　本村规民约如与法律、法规相抵触的以法律、法规为准。

第五十一条　本村规民约经本村支部党员大会和村民代表讨论通过，自公布之日起执行。

大事记

- 巷头社区党工委揭牌仪式暨新一届“两委”干部就职宣誓承诺仪式
- 巷头社区党工委开展党的群众路线教育实践活动
- 巷头社区收购豪华大酒店股权
- 第十三届中国（大朗）国际毛织产品交易会举办
- 香港东莞大朗同乡会巷头分会成立

1 月

2日，巷头社区举行党工委揭牌仪式暨新一届“两委”干部就职宣誓承诺仪式，大朗镇委副书记、镇长邓卫洪和镇委委员叶桂平、周浩森参加仪式。

5日，巷头社区富康一街铺位项目开工建设，项目位于富康一街侧，总建筑面积4600平方米，高4层。

10日，大朗镇委委员陈慧娟率镇妇女联合会、人口计生卫生局、社会事务局、女企业家协会等相关人员到巷头社区开展“幸福东莞·计生暖流行动”，社区党工委委员陈敬弟陪同，慰问贫困独生子女、纯二女户、孤儿。

16日，大朗镇委党代表讨论会议在巷头社区召开，镇委书记胡浩举、镇长邓卫洪、副镇长傅永杰等镇领导出席。

16日，大朗镇委书记胡浩举、镇长邓卫洪等镇领导前往位于巷头社区的大朗汽车客运总站检查春运首日的运作情况。

17日，巷头社区召开2013年度工作总结大会。社区党工委书记、居委会主任陈柱权作总结报告。

18日，“玉兰花开，大朗商会公益行”关爱进社区活动启动仪式在巷头毛织文化广场举办。该活动由大朗镇妇女联合会、大朗商会、共青团大朗镇委员会、大朗镇人口计生卫生局、大朗镇关爱下一代工作委员会联合主办。

23日，东莞市人大常委会副主任李满堂到巷头社区开展困难党员群众慰问活动，大朗镇委书记胡浩举、镇长邓卫洪等镇领导陪同。

29日，巷头社区举行春节篮球赛、“三分王”大赛。

是日，巷头社区组织人员参加大朗春节篮球赛，少年组夺冠。

2 月

6日，大朗镇副镇长傅永杰到巷头社区开展“织城圆千梦”系列活动之慰问暖心活动，慰问老党员陈炳锐。

28日，巷头木偶剧剧团代表东莞市特种剧目参加广东省特色剧种展演。

2014年1月2日，巷头社区党工委揭牌暨新一届“两委”干部宣誓承诺仪式举行

3 月

7日，巷头小学举行“广东省巾帼文明岗”揭牌仪式。大朗镇委委员陈慧娟、周浩森，巷头社区党工委书记、居委会主任陈柱权，妇联主任陈敬弟及巷头小学全体女教师参加揭牌仪式。

8日，巷头社区开展“三八”国际劳动妇女节104周年纪念活动，“两委”干部、18周岁以上妇女共1900人参加活动。

10日，巷头社区党工委开展党的群众路线教育实践活动，做好“学习意见，听取教育”环节，根据大朗镇委部署，开展“个别谈话听取意见”，由副镇长傅永杰对“两委”成员、督导组成员对党员群众进行一对一谈话。

21日，大朗镇开展“走近基层、问计百姓”主题活动，东莞市外经贸局局长黄冠球，大朗镇委书记、镇人大主席胡浩举等市、镇党代表到巷头社区党代表工作室听取基层党员、群众的意见和建议。

27日，大朗镇委书记、镇人大主席胡浩举到巷头社区走访驻点企业——东莞市中一合金有限公司。

4 月

9日，胡浩举、陈慧娟、韩暖渠等大朗镇领导到巷头社区开展“走近基层、问计百姓”主题活动。镇委书记胡浩举对巷头社区寄语“四个示范”，即在传统产业转型升级上做好示范，在松朗一体化上做好示范，在资源整合上做好示范，在党的群众路线教育实践活动上做好示范。

14日，巷头社区党工委组织党员开展党的群众路线教育实践活动“考学”活动。

28日，东莞电信杯“发现精彩·东莞印象”微摄影大赛在巷头社区举办，该活动由东莞市文联、东莞报业传媒集团、东莞市摄影家协会主办，大朗镇文联、大朗镇文广中心、巷头社区协办。

29日，东莞市教育局副局长黄健勇、督导室主任叶炽辉、“教育现代化先进镇”督导评估组长熊焰、副组长王卫国到巷头小学指导工作。

5 月

12日，南京教科所教研员杨健到巷头小学指导工作。

20日，12时左右，大朗镇突降大暴雨，造成巷头社区富康路两旁毛料行、旧电影院路段、沙梨园、业丰酒店至豪华酒店路段水浸，水深1.1米左右，其中富康路约有60家毛料行受灾损失约300万元；沙梨园4间民房受灾损失约8万元，1家厂房受灾损失约100万元，巷头社区相关领导干部带领工作人员前往受灾点指导排水工作。

24日，东莞市“123”教育联盟各联盟学校在巷头小学举行“彰显艺术特色，推进素质教育”课堂教学交流活动。

30日，在“六一”儿童节即将到来之际，大朗镇委书记胡浩举走进巷头幼儿园与孩子们欢庆“六一”儿童节。

6 月

9日，大朗毛衣“国内行”首站活动在湖南省株洲市芦淞市场举办，巷头社区的“兴业”“英伟”等10多个品牌毛衣参加。

10日，位于巷头社区的大朗车站新宿舍楼项目竣工，大朗车站新宿舍楼总建筑面积7360平方米，高十三层。

11日，巷头社区获评大朗镇“红旗党代表工作室”。

17日，巷头社区召开辅警会议，布置网格化管理试点工作。

25日，巷头社区的富康大厦项目竣工，富康大厦总建筑面积8713平方米，高九层。

28日，巷头社区召开第三届香港大朗巷头同乡会会员大会暨荔枝节联谊会。

30日，位于巷头社区富康路圆盘位置的毛织辅料商铺项目竣工，毛织辅料商铺总建筑面积8072平方米，高四层。

7 月

16日，大朗镇委书记胡浩举、副镇长傅永杰到巷头社区调研洪涝黑点治理工作。

15日至18日，巷头社区党工委书记、居委会主任陈柱权参加大朗镇第一期领导干部进修班赴广州中山大学学习。

18日，巷头社区加强出租屋巡查、高危险系数房屋专项巡查和宣传工作，妥善应对近十年最强台风“威马逊”。

8 月

1日，巷头社区对石桥街道路改造、蓝房子、毛织博览馆等项目进行申报，做好名村建设工作。

4日，巷头社区召开征兵工作会议。

10日，巷头社区开始筹备建设村史馆。

是日，巷头社区富康一街铺位项目竣工。

19日，巷头社区召开2014年奖教奖学大会，对在中考、高考、考研中取得优秀成绩的学生进行表彰，奖学金达35.2万元，为社区奖学金历年之最。

29日，巷头社区召开党的群众路线教育实践活动整改落实和建章立制工作会议，副镇长傅永杰发表讲话。

9 月

1日，巷头社区邀请外出老干部、兄弟社区、香港同乡会代表、社会各界热心人士及社区60岁以上长者共875人，共同庆祝巷头社区第十五个敬老节。

3日，邓卫洪、黄兆棠、傅永杰等到巷头社区调研治安网格化管理开展情况。

10日，镇长邓卫洪一行在第30个教师节当日到巷头社区慰问教师。

15日，大朗镇在巷头社区召开社区（村）分片座谈会，胡浩举、邓卫洪等镇领导参加。

22日，巷头社区与（香港）

顺泰投资有限公司签订《股权转让协议》，（香港）顺泰投资有限公司同意出让豪华大酒店股权给巷头社区。

22日至26日，巷头社区党工委书记、居委会主任陈柱权到北京参加东莞市人大代表培训班。

30日，巷头社区创建成为“东莞市儿童友好社区”。

10　月

14日，镇委书记、人大主席胡浩举主持召开大朗镇规划委员会工作会议，对巷头社区毛织片区控制性详细规划E-19-04地块调整等18个项目进行研究并提出意见。

20日，巷头社区党工委建立非公有制企业党支部党员志愿服务队。

29日，巷头社区收购（香港）顺泰投资有限公司豪华大酒店股权。

30日，巷头社区巷头大厦项目竣工。

11　月

3日，大朗镇委书记胡浩举率相关职能部门和市毛纺织协会负责人，前往大朗毛织贸易中心，现场指导第十三届中国（大朗）国际毛织产品交易会布展。

3日，大朗镇在位于巷头社区的大朗毛织贸易中心举行“广东毛织商品国际采购中心”“东莞市跨境贸易电子商务大朗产业园”揭牌仪式，胡浩举、傅永杰、叶卓辉等镇领导和大朗电子商务协会会长任清伟共同揭牌。

香港大朗（含巷头）同乡会会员大会

6日，第十三届中国（大朗）国际毛织产品交易会在主会场中国·大朗毛织贸易中心开幕。巷头社区内颖祺、环宇、兴业等毛织企业设展位11处，约200平方米。

6日，大朗镇举办大朗“织城杯”粤港澳狮王争霸邀请赛，巷头社区获第一名。

24日，巷头社区收购正大兴业公司地块，包括凯旋门地块和大岭吓地块。

12　月

6日，巷头社区在香港弥敦道794号富临酒店，举行香港东莞大朗同乡会巷头分会成立仪式，大朗镇委书记胡浩举、香港东莞大朗同乡会会长叶健民、香港东莞大朗同乡会巷头分会会长陈柏光及同乡会会员等220人参加成立仪式。

9日，大朗镇党委书记、人大主席胡浩举走访巷头社区困难户。

10日，市委常委李小梅到巷头社区调研，社区党工委书记、居委会主任陈柱权汇报巷头的经济工作和统战工作。

10日，巷头社区召开党员、居民及股东代表大会，对关于提高老人福利、提高宅基地转让过户费、追收地基款3个议题进行表决，同时传达12月9日“驻点日”活动中大朗镇委书记胡浩举对巷头下来发展提出的指示精神。

23日，市委第四督导组组长游匡正、副组长邓健勤、市委实践办整改落实督查组组长李汉容以及镇委书记胡浩举等，到巷头社区开展领导干部驻点普遍直接联系群众工作。

23日，大朗镇委书记、人大主席胡浩举在巷头党代表工作室定点接待来访群众，并走访困难群众。

30日，巷头社区召开党员、居民及股东代表大会，党工委书记、居委会主任陈柱权向大家汇报社区关于妥善解决社保缴费通报、巷头花园外架拆除、居委会办公室搬迁工作。

（陈杰芬　陈志强）

附录

在巷头社区2013年度工作总结大会上的讲话

陈柱权

（2014年1月17日）

各位党员、居民及股东代表，同志们：

今天，我们在这里召开一年一度的年终总结大会，全面总结过去一年的工作成绩，部署新一年的发展工作。下面，我先向大家作2013年工作报告。

2013年，是贯彻落实党的十八大精神的开局之年，是巷头规划先行，全面主动推进“两城一区一体化”的奋发之年。在镇委、镇政府的正确领导下，以“项目推进年”为主题，以各项“单打冠军”为目标，全社区上下全面贯彻落实“两城一区一体化”的战略部署，争先进位，攻坚克难，“中国毛织第一村”深化提升，经济发展稳中推进，社会大局平安稳定，实现高水平崛起的良好局面。

一年来，推动经济社会稳中求进，经济质量优化提升。一是增收创收取得实效。2013年社区集体总收入6808万元，比去年同期增收421万元，增长6.6%。增收部分主要来源于银康街厂房、矮佬岭厂房、步行街第三、第四期等租金收入。2013年应收未收款402万元，比2012年减少141万元，下降26%。二是各项工作保质落实。推进大朗镇集体资产交易和“三资”监管平台建设，优化村务财政管理；积极宣传开展经济普查工作，狠抓普查源头数据质量，确保工作高效开展，取得实效。

一年来，贯彻规划建设超前先行，“两城一区一体化”全面推进。以“项目推进年”为主题，开启、推进多宗项目，以压力倒逼发展，以目标倒逼进度，做到不拖、不欠、不缺，带动社区新一轮热火朝天的项目建设，为承接“两城一区一体化”、加快转型升级提供重要载体。项目丰收取得实效。巷头商业步行街铺位四期，矮佬岭新工业区宿舍、新治安队大楼、大炮台联建楼、大朗国际物流中心已陆续完工投入使用。在建项目进展良好。巷头花园，已实现全面封顶，现进行内外墙装修，门窗、水电煤气管道安装等阶段。巷头大厦，现进行内外墙装修，预计今年6月完工。毛织大厦，一期现进行内外墙装修，预计今年3月完工；二期进行打桩工程。富康大厦，已完成主体楼面封顶，预计今年4月完工。大朗车站新宿舍楼，已完成主体封顶，现进行内外墙装修，预计今年3月完工。派出所宿舍，已完成2层主体楼面施工。巷头花园“商住楼”，已完成打桩工程。巷头花园“商贸城”，现进行打桩工程。松朗一体化深入推进。以提升城市环境、增强城市功能为抓手，中熙松湖国际进展良好，毛织人才公寓方案设计、手续报批不断加快；大朗车站持续完善升级，推进松朗交通一体化，为松山湖企业、人群提供优质的交通服务；毛织文化公园已完成相关配套。自工作开展以来，毛织贸易中心周边的环境得到全方位的大提升、大改善，有效承接松山湖的辐射带动，松山湖流入巷头的人次明显增加，激活酒店、商业、娱乐等服务业的发展，松朗一体化取得重大成效。“工改工”项目加快推进。到以“高空厂房”为特色的蔡边产业园学习其设计和布局，“工改工”项目方案设计进一步完善；用好、用活、用足产业升级补贴奖励的优惠政策，项目建设的资金支持更充足到位；项目报批手续正在加快推进，改造方案已完成设计。“工改工”项目的落地建设，将为推进与松山湖产业对接，改善招大引强环境，引进高新大产业和有税收、有品牌、无污染的优质企业提供重要载体。项目预期每年租金将超过2000万元。

一年来，加快毛织产业转型升级，两个“转变”扎实推进。以“中国毛织第一村”为动力，以全国最大最旺毛织市场为目标，加快推进转型升级，激发毛织产业发展活力，为推进大朗毛织产业从产品经营向品牌经营转变，从生产基地向现代毛织商贸城转变，争当毛织产业转型升级国家级“单打冠军”贡献“正能量”。一是推进毛织商贸城建设，加快推进大朗纺织创意产业中心、纺织交易广场等项目建设，推动3.25平方公里毛织核心区建设，协助政府尽快形成毛织商贸城大框架，打造成大产业集聚的交易大平台。纺织创意产业中心、纺织交易广场已在9月16日奠基建设。二是协助“大朗毛织价格指数”的编制，落实开展企业调查工作，采集全面、准确、科学的相关指数数据，为“毛织价格指数”的顺利编制夯实基础，推动实现提升大朗毛织产品的价格话语权，增创毛织产业集群发展新优势。“毛织价格指数”已顺利编制和发布。三是办好第十二届“织交会”参展工作，强化与毛织企业的沟通联动，组织杰发实业投资有限公司等企业抱团参展“织交会”，突显“中国毛织第一村”的毛织特色、转型优势和雄厚实力，增强广大客商对毛织业发展的信心，强化社区招引能力，促进存量发展，提升整个毛织行业的档次和水平。

一年来，强化社会管理不断创新，平安建设高效推进。平安建设，是加快转型升级的基本前提，是建设幸福巷头的第一要义，是实现高水平崛起的重要保障。一年来，以“平安大朗”为核心，以平安社区试点为动力，狠抓落实，多措并举，全力开展各项平安工作，平安建设取得重大成效，社会大局平安稳定。治安管理多措推进。一是强化治安基础，建成投资500万元的新治安大楼，升级巷头警务室。投资150多万元重新布局毛织警务网格工作站，拔款200万元购置治安汽车等设备。二是推进“四化五警”，以治安视频监控系统建设为中心，专项拔款300万元全面升级治安视频监控系统建设，实现联网运行，鼓励企业商铺加装视频探头，目前社区自建视频摄像头129个，全社区近746个。三是整合治安资源，协助全镇治安联防组织统筹工作，推进警务机制改革，为创建平安社区夯实队伍基础，实现警力下沉、警务前移。创新管理模式，实行网格化管理，建立社会管理综合信息平台。应急防范不断强化。妥善应对“尤特”、“潭美”、“天兔”等超强台风袭击，防御工作迅速到位，全年未有因极端天气引起的重大事故发生。11月，为防止登革热疫情蔓延，迅速召开防控工作会议，动员对全社区进行摸底排查，加强宣传发动，与镇人口计生卫生局联合举行环境卫生大清洁活动，对全社区进行全方位灭蚊，疫情得到有效控制。安全生产狠抓到位。组织企业参加“安全生产月”宣传咨询服务日活动，落实大朗镇2013年安全生产知识竞赛活动，配合政府做好市2012—2013年度安全生产责任制考核工作，营造平安作业生产的氛围。消防安全力抓巡查。落实“一岗双责”、网格化管理，开展消防安全大排查大整治工作，严抓“三小”场所、毛织企业工厂、出租室专项检查；举行消防灭火求援教学法现场会、“119”消防宣传日活动等活动，提高企业和群众的消防安全意识，确保社区消防安全保持良好态势。近期，国内相继发生数起重大火灾，包括深圳农贸市场、香格里拉独克宗古城、清远民楼、广州民宅等重大火灾事故（详情见附件），我们以此为鉴，认真落实好春节前的消防安全工作。矛盾化解持续加强。推进“法官工作室”工作，加强基层社会矛盾化解能力。按照人力资源分局的要求，组织社区相关企业参加创和工程，营造和谐劳动关系氛围，全力推进我镇创建和谐劳动关系示范区工程。通过大朗网络问政受理网上信访48宗，办结率达89.6%。全年共处理劳动争议案件106宗，处理人数合共有310人，其中调解成功的有80宗。环卫管理落实到位。安排分配环卫队伍落实环卫工作，结合网络问政扫除各个卫生死角、盲点。

一年来，狠抓便民惠民服务工程，民生福祉持续改善。名村建设有序开展。12月4日，按照镇住建局的安排，到东城周屋社区、南城周溪社区、万江拔蛟窝社区参观学习其名村创建经验和风格，有效引导、推动我社区名村建设的良好开局。社会保障不断加强。今年养老、医疗保险费用投入550万元。工资差额补贴940人，补贴金额25.7万元；岗位津贴25人，津贴金额14.5万元。就业创业扶持有力。组织未就业毕业生参加2013年大朗镇高校毕业生就业创业指导培训班，落实“就业服务日”工作，大力打造就业平台，提升社区就业率。教育质量不断提升。大力发展教育事业，全力推进创建“东莞市推进教育现代化先进镇”、创建广东省社区教育实验区等工程。今年，中考697分以上的考生有6人，均被市重点高中录取。高考考上普通本科（2A）共11人，全国重点本科1人。协助开展2013年大朗镇大学生暑期实践活动。开办公务员培训班，参加人数达60人，比去年翻了3倍多。文体事业蓬勃发展。大力开展“妇女节”醒狮表演、“图书馆就在您身边”大朗镇阅读推广活动、大朗第九届读书节活动、“基层文化服务月—数字阅读进村进社区”活动、2013年千场文艺演出等文化活动。着力发展广场舞文化，打造居民与新莞人的交流平台，每晚活动人数高达近1000人次。组织学生参加大朗镇暑期篮球赛，开办社区暑期篮球培训班，丰富学生暑期生活。扶贫救助不断强化。定期走访孤寡老人户、困难低保户等帮扶对象，深入了解情况，解决各类困难和问题，积极落实开展"广东扶贫济困日"募捐活动、"广东扶贫济困日"市内扶贫慰问送温暖活动、中秋节送温暖活动、"送温暖、献爱心"捐赠衣物活动、"扶志助飞"东莞大朗助学活动等公益活动，增强社区凝聚力，创建和谐富裕幸福美丽巷头。

一年来，坚持党的建设务实推进，执政水平高效提升。围绕镇党建工作的中心任务，以"东莞市创先争优先进基层党组织"为动力，以党代表工作室为重要抓手，全面开展各项党的建设工作，争当党建工作省级"单打冠军"。一是圆满完成换届选举工作。按照镇委、镇政府的统一要求和创新改革，社区换届选举工作圆满完成，顺利诞生新一届两委班子，成员有陈柱权（党工委书记、居委主任）、陈冠强（党工委副书记、居委委员）、陈钜宁（党工委委员、居委副主任）、陈暖根（党工委委员、居委委员）、陈金华（党工委委员）、陈锦照（党工委委员）、陈敬弟（党工委委员、居委委员）。这次换届选举，党工委书记、主任"一肩挑"和"两委"干部"交叉任职"达到"两个100%"。二是提高干部综合能力。全面贯彻落实镇"七一"党课精神，按照胡浩举书记提出"如何做一名让人民群众满意的共产党员"的要求，改善提高党员干部的工作作风和执政素质。按照镇组织办的安排，两委干部分别参加赴西安学习、大朗中层干部领导能力提升研修班等学习培训活动，也安排社区后备干部参加大朗镇后备干部"双培双优计划"。三是加强党建队伍素质。组织党员干部收看"共筑中国梦　送学到企业"系列讲座、《关于进一步促进粤东西北地区振兴发展的决定》专题讲座、党的十八届三中全会精神专题讲座等远程教育专题。四是争当党建工作省级"单打冠军"。按照镇组织办的要求，对党代表工作室做好选址、装修、设备配置、档案资料、制定接访制度等创建工作，开展"服务中心、共谋发展"党代表视察调研活动，为大朗镇创建省村级组织动作示范镇，争当党建工作省级"单打冠军"作出积极贡献。

这些来之不易的成绩，离不开镇委、镇政府的坚强领导、正确决策，离不开各届老干部打下的坚实基础、积极参与，离不开社区各部门的真抓实干、创新进取，离不开广大居民和支持巷头发展的社会各界人士的齐心协力、团结奋斗。在此，我代表巷头社区党工委和巷头社区，向全体老干部、行政人员、广大居民以及支持帮助巷头发展的各界社会人士表示衷心的感谢和崇高的敬意！

2014是全面贯彻落实十八届三中全会精神，全面深化改革的开局之年，是巷头发展承前启后，力争实现高水平崛起的关键之年。新一年，在镇委、镇政府的正确领导下，坚持以党的十八届三中全会精神为指引，以"经济攻坚年"为主题，把握稳中求进的主基调，坚持践行群众路线，大兴深化改革之风贯穿社区各项工作全过程，切实转变工作作风，加速推进"两城一区一体化"，建设和谐富裕幸福美丽巷头。重点抓好"五个坚持"：

（一）坚持加大创收增收力度。过去一年，社区的创收增收取得重大成效。但是社区目前的在建工程和即将启动工程众多，以当前的创收增收速度，要确保各项工程早日落地建设、进度顺利推进，在资金方面还是显得比较紧张、短缺。下来，要注重引入社会力量，加大社会参与力度，进一步深化富康大厦、巷头大厦盘活民间资金的创新做法，主动撬动民间资本，减轻社区财政负担，全面加快推动社区的整体规划建设。加大追收欠款力度，确保各项发展得到充足的资金支持，提高资金使用效益。

（二）坚持规划先行深化对接。项目是经济的载体、发展的关键，是推动经济社会持续快速发展的加速器。因此，我们要坚持好"规划先行"的做法，以实干抓落实、抓进度，确保每宗项目不拖、不欠、不缺，深化对接落实"两城一区一体化"的全镇战略部署。一是加快推进在建工程进度。面对资金紧张、天气影响等因素，要完成各项工程的建设目标仍然显得时间紧、任务重、压力大，尤其是巷头花园。下来，要以巷头花园全面封顶为动力，提速加快巷头大厦、富康大夏、毛织大厦等各项创收在建工程，为花园、各项在建工程以及即将落地建设的项目提供充足的资金支撑，努力实现"2015年入住花园"的目标。二是加快重大项目落地建设。重大项目关系到社区经济后劲，关系社区未来发展。“工改工”项目、毛织人才公寓要加快手续进度，力争早日落地建设，实现创新转型发展模式，促进与松山湖互补对接发展，开创共赢局面。三是加快统筹整合土地资源。着力统筹好连片可开发的土地，进一步盘活分散、低效益的土地，为重大项目提供承接载体，提高土地使用效益。同时社区的可用地块要尽快落实科学可行、高效益的重大项目。四是持续深化推进松朗一体。扎实推进松朗环境对接，加快大朗汽车站的完善升级，补充完善各项公共基础设施，以毛织人才公寓的建设解决松山湖员工“住”的问题，同时要加快落实解决电子商务协会人员居住的项目，为承接电子商务发展、松朗互补错位发展留住一批高素质人才，推动经济快速转型发展。着力打破资金紧张的局面，落实松山湖大道延长段大朗段的征收拆迁工作，确保工程如期动工建设。

（三）坚持加快产业转型升级。着力提升“中国毛织第一村”发展水平，以重大项目动工建设为动力，加快毛织交易广场、纺织创意产业中心建设，推进10平方公里毛织商贸城建设。协助毛织办继续完善“大朗毛织价格指数”，提升其影响力。办好第十三届“织交会”参展。鼓励、扶持毛织企业创品牌、推品牌，扩大“中国毛织第一村”品牌影响力。加快建设巷头会所，发展写字楼经济，增加社区收入，提高发展水平和档次。

（四）坚持创新加强社会治理。以“平安大朗”为引领，绷紧“平安建设”这根弦，确保我社区社会大局和谐稳定，让所有在巷头生活、投资的居民、新莞人都能安居乐业，为“中国毛织第一村”再跨越发展保驾护航，为大产业、大项目的进驻营造安全稳定的社会环境。一是深推治安管理建设。要持续完善配置警务室，强化治安基层基础建设；抓好平安建设“信息化建设”，接下来的几批治安视频要根据社会治安和交通管理的结合来铺设，深化治安视频监控系统的功能和作用，重点整治好旧毛织路口、富康路的治安和交通安全；推进警务体制改革，扎实推进治安网格化管理，逐步完善人员调配、明确岗位职责、健全执行机制，确保网格化取得实效，推动创建平安社区。二是强化消防安全管理。要吸取各重大火灾事故的教训，配合消防部门扎实开展消防隐患大排查大整治，加大对各类行业的检查力度，强化安全生产监管，消除各类事故隐患，坚决杜绝重特大安全事故发生。三是强化综治信访维稳。针对企业工厂众多、的特点，要做好排查化解工作，重点加强存在劳资隐患的企业、工厂的稳控，将劳资纠纷、欠薪逃匿事件的发生率降到最低。四是加强环境卫生整治。落实好环卫工作的日常管理和保洁，结合网络问政，大力扫除卫生死角、盲点，优化村容村貌，创造干净舒适的人居环境。

（五）坚持改善提升民生福祉。一是发展优质教育。2013年的教育工作成效对比2012年有所下滑，尤其在重点本科方面，人数下滑幅度大。新一年，要把教育工作摆到更突出的位置，认真查找和剖析原因。加强与巷头小学、巷头幼儿园的沟通，提高办学教学质量。继续办好暑期公务员培训班。二是推动文化惠民。以毛织文化广场为重要平台，举行多形式的文化活动、节日文艺晚会，主动配合文广中心、宣传办等部门开展各类主题晚会和活动。三是加强帮扶救助。按照政府相关部门的要求，抓好各项帮扶工作的落实推进，开展好各项孤寡老人及弱势群体的帮扶救助活动，推进建设幸福美丽巷头。四是大力推进名村建设。名村建设实质上是一项民生推进工程。要认真借鉴周屋社区、周溪社区、拔蛟窝社区的名村创建经验，结合广大居民的生活需求，优化升级人居环境，把巷头建设成别具风格、群众满意的名村。

各位同志，2014年，新的班子，新的目标，新的挑战。让我们以改革创新的进取精神，以务真求实的实干作风，不断激发干大事业、求大发展的创业激情，凝聚力量，攻坚克难，把各项工作做精、做好、做细、做优，推动经济攻坚取得发展实效，为“两城一区一体化”开创新局面，率先实现高水平崛起贡献更多正能量！

最后，我祝大家身体健康，龙马精神，马年幸福！

谢谢大家！

在巷头社区2014年度工作总结大会上的讲话

陈柱权

（2015年2月6日）

各位党员，居民代表，同志们：

现在，我按照大会的安排，向大家作2014年工作报告。

2014年，在镇委、镇政府的正确领导下，以“经济攻坚年”为工作主题，围绕“两城一区一体化”战略部署，全社区上下坚持狠抓落实，务实工作，创新突破，力求实在，社区经济攻坚屡出新效、稳步推进，社会治理创新加强、形势好转，党的群众路线教育实践活动深入有序、惠民实在，为实现高水平崛起开创良好局面。

一年来，迎难而上，攻坚克难，经济攻坚克难前行。资金紧张、土地短缺是巷头经济发展的主要制约因素，因此，我们在这些因素上加大解决力度，抓出实际成效。一是地块资源储备有力。为在整合资源上争做示范，我们不断把计划用于“三旧“改造的合同到期旧厂房、私人物业、旧铺位等物业地块储备起来，承接更多高效益的优质项目。其中，我们成功以9000万元收购豪华大酒店全部股权，以8200万元收购正大兴业两块地块共130亩。二是集体收入稳步增长。在国际大环境下滑影响下，用于规划“三旧改造”的旧铺位、旧厂房不出租，还要收购地块物业的情况下，我们的增收势头依然不减，成效显著。2014年，社区集体总收入8307万元，比去年增收724万元，增长9.5%，实现了“2014年增收500至600万元”的目标。

一年来，规划先行，力抓项目，城市建设呈现新貌。重大项目，是巷头加快城市建设、推进新型城镇化的重要驱动，是贯彻大城市经营理念、优化规划布局的重要抓手，我们在抓项目上注重督查，力抓进度，推进成效明显。一是总体项目进度较快，巷头花园外墙装修全部完工，外架拆除也已完成，现进行室外排水、室外地面平整工程，预计2015年可完成相关配套设施、室外广场、室外园林绿化工程；电商大厦已完成8层主体楼面施工；巷头花园“商住楼”已完成9层主体楼面施工；巷头花园“商贸城”已完成13层主体封顶，进入外墙装修施工；豪华酒店铺位A区完成二层主体楼面，B区完成一层主体楼面；巷头大厦、大朗车站新宿舍楼、电商宿舍楼、派出所宿舍已投入使用，其中巷头大厦成功引进维也纳酒店，居委会也顺利迁入办公。二是松朗一体扎实推进，我们以改造项目为重要抓手，提速进度，着力优化产业环境、人居环境，松朗对接日趋深入。“工改工”项目、毛织人才公寓正在加快办理手续和调整指标，并完成初步设计方案。茶叶交易市场已完成初步规划图，相关手续正在加快。名村建设的巷头村史馆、毛织博览馆、石桥街道路升级改造等初步设计方案已完成。

一年来，加快转型，完善配套，产业转型提速增效。围绕在产业转型升级上做示范，以毛织产业为核心，着力打造巷头“三大产业”，产业转型升级提速增效。在毛织产业方面，坚持以毛织产业为产业核心，以打造毛织产业“升级版”为导向，投资30亿元的毛织商贸城核心区初步成型，其中投资11亿元的纺织创意产业中心和环球贸易广场逐渐建成，毛织人才公寓的建设将吸引人才进驻，留住一批高素质人才，毛织商贸城核心区软硬建设扎实推进。在电子商务产业方面，着力研究探索推动电商发展的政策措施，围绕电子商务产业中心，依托电商宿舍楼、电商大厦构建服务好、水平高、政策优的发展环境。10月30至31日，到揭阳军埔电子商务村考察参观，学习电子商务发展的先进经验和模式，“中国毛织电商第一村”的创建动力不断增强。在物流产业方面，依托“工改工”项目，在招大引强上下功夫，着力招引有实力、上规模的毛织业、物流业的龙头企业，毛织、电商、物流优势互补、紧密对接、共赢发展的良好局面初步形成。

一年来，创新措施，加强应对，社会治理强硬有力。社会治理是我社区比较突出的社会问题。围绕平安建设，我们从社会治理上加大整治力度，推进平安社区试点工作，营造稳定安全的发展环境，增强经济攻坚战斗力。一是社会治安措施有力。结合教育活动收集到的意见建议，在富华停车场、公寓花园、治安案件多发路段等区域加装高清视频监控26个，治安信息化建设有序推进，开展治安重点区域及娱乐场所集中清查整治统一行动，防控工作有广度有力度，治安形势不断好转。科学划分治安网格，形成35个网格布局，完成各个网格登记信息采集，网格化管理稳步推进（含附件）。整治“黄赌毒”全年持续落实，形成常态化。二是安全生产排查有力。开展重大火灾隐患集中整治专项行动、出租屋消防隐患排查工作、家庭作坊消防安全专项治理以及今冬明春各项消防安全大排查行动，消防安全工作落实到位。全面开展燃气安全专项检查联合行动、光气化产品企业和建设项目排查工作、特种设备事故隐患排查治理行动、“六打六治”打非治违专项行动，安全生产形势稳定。三是食品药品安全保障有力。开展食品药品专项检查、“芬卡”牌橄榄油产品清查行动、月饼产品检查工作、打击生产销售地沟油违法行为、台湾问题食品清查、食品药品市场安全专项检查工作等，群众安全得到有力保障。四是环境卫生管理有力。结合网络问政，整改投诉反映的环卫污点；开展城乡环境卫生集中整治工作，配合做好市镇环境卫生检查；结合爱国卫生运动，开展灭蚊防灭行动，强化登革热防控工作。

一年来，走近群众，关注民生，社会事业务实惠民。一是扶贫帮困务实有效。开展广东扶贫济困日暨东莞慈善日募捐活动、扶贫慰问送温暖活动、五保对象“暖心行动”活动、大朗镇教育募捐活动，落实做好低保家庭、低保边缘家庭大学生及高中生助学申请，结合教育实践活动“织城圆梦　幸福同行”活动和驻点联系工作，帮助群众解决困难，全年累计走访户数达85户次。二是教育事业势头迅猛。今年中高考成绩呈现强劲势头，2人考上硕士研究生（分别考上中山大学、澳大利亚国立大学），20人考上普通本科（2A）以上，其中9人考上全国重点本科。10人以699分以上被市重点高中录取，奖学金投入达37.2万元。于7月16至18日举办了大学生培训班。三是文体事业繁荣发展。组织大学生参加“长盛广场杯”大学生篮球联赛，开展社区篮球赛、暑假篮球培训班、敬老节活动、大朗“织城杯”粤港澳狮王争霸邀请赛等文体活动，毛织文化公园篮球场升级成比赛专用球馆，儿童友好社区创建工作已通过验收，文体事业不断深入发展。四是社会保障不断加强。2014年养老、医疗保险费用投入560万元。对于2015年社保个人缴费部分的新政策，我们结合社区实际，在最大程度地降低对参保人影响的原则下，制定出有效实行新政的方案（含附件）。五是就业创业工作得力。做好退役士兵免费报读中等职业技能培训工作，组织未就业毕业生参加2014年大朗镇高校毕业生就业创业指导培训班，落实“就业服务日”工作，着力提高社区就业率。

一年来，改进作风，强化队伍，党建工作扎实有效。党的群众路线教育实践活动是今年党建工作上的一项重要工程。依托这次教育活动，认真开展各项党建工作，加强作风建设，工作成效明显实在。一是活动开展从严从实。按照市镇教育活动部署，认真落实做好教育活动各个环节工作，切实加强教育学习，听取群众意见建议，严肃召开“两会一评议”，认真制定“两方案一计划一清单”，坚决执行整改落实，活动成效惠民实在、上级认可、群众满意。二是党代表工作严格落实。加强党代表工作的督查力度，要求当值党代表认真履行职责，做好每周接见接访工作。结合教育活动，开展“走近群众，问计百姓”、“党代表课堂”等主题活动，认真做好领导干部驻点普遍直接联系群众辅助工作，倾听群众诉求和意见，解决好联系服务群众“最后一公里”问题。2014年，我社区荣获“红旗党代表工作室”。三是队伍素质扎实提升。按照镇要求，安排书记参加领导干部进修学习、书记能力建设轮训班、“三纪”培训班，两委参加镇教育实践活动专题讲座、中层干部培训班，监事会成员参加业务培训，开展纪律教育学习月活动等，队伍学习层层落实，综合素质整体提升。

一年来，社区的发展建设不断克难前行，经济攻坚屡出创新成效，发展实力位居全镇前列，实现高水平崛起的征程打开了新局面。这些来之不易的成绩，是历届老干部辛勤奉献、艰苦创业的结果，是全体行政人员狠抓工作、奋发拼搏的结果，是全体党员和居民代表迎难而上、积极作为的结果，是全社区居民及关注支持巷头发展的社会各届人士团结奋进、抢抓发展的结果。在此，我代表巷头社区党工委向大家一直以来对社区各项发展建设作出的重要贡献表示衷心的感谢！

来之不易的成绩固然值得肯定，但我们也要清晰认识到，要抢抓新发展，实现新目标，迈上新台阶，我们还要面临和解决不少问题，而且解决难度越发艰难。一是目标进度仍然不够理想。目前的集体总收入与“2016年总收入达一亿元”仍有一段距离，压力还是比较大，增收创收力度需要进一步加大。二是资金解决能力不够强。由于巷头花园和各个项目的建设，以及上一年因收购地块物业使得负债有所增加，导致资金问题越来越突出，越来越急需解决，资金解决能力还有待加强。三是社会不稳定因素仍然较多。治安案件、消防事故、劳资纠纷等时有发生，其中消防事故对比全镇社区、村显得数量较多、形势严峻，排查化解力度仍需提高。四是办事作风有待改进。部分行政人员工作激情减退，办公纪律执行不到位，存在办公懒散现象，办事作风还需大力改进。下来，我们必须要有针对性地对这些问题采取有力措施，妥善加以解决。

2015年是我社区追赶目标、实现目标的关键之年。习近平总书记以“新常态”定义当前的中国经济，更为注重经济结构优化和发展质量提升。近期，我镇先后召开了党代会和人代会，围绕适应新常态，提出了今年工作的总体要求，即以“产业提升年”为工作主题，全力实现“2513”发展目标，建设“东莞中部核心城镇”，力争“三个走在全市前列”，其中“2513”指2015年全镇GDP达到200亿元，工业总产值达500亿元，规上工业增加值达100亿元，税收达30亿元。新的一年，在经济新常态的大背景下，我们要以党的十八届三中、四中全会精神为指引，以“产业提升年”为主题，围绕“2015年建成巷头花园”、“2016年总收入达1亿元”、“全面实行治安网格化管理”等三大目标，审时度势，依法履职，奋发拼搏，以“六个狠抓”全力推进“两城一区一体化”，继续做好保持经济持续健康发展工作，做好保持社会和谐稳定工作，做好改善保障民生工作，做好作风整改和从严治党工作，推动巷头早日实现高水平崛起。

（一）狠抓经济建设“不松”。一是定目标促增收。2015年，是社区增收工作的关键时期，今年不仅要实现“增收500至600万元”目标，还要为实现“2016年成为亿元村”目标打好基础、做好准备。在目标环环紧扣的重压下，我们要以这些目标倒逼工作进度，狠抓工作，加强落实，力争早日实现目标。在追收欠款上要加大力度，尤其是地基款，落实抓好2014年12月12日经党员、居民代表大会通过的追收措施，保障好集体收入和发展资金，防止资金流失。二是要资源引项目。要以成功收购豪华大酒店、正大兴业130亩地块为动力，继续在储备资源上下苦功，大力储备到期厂房，征收有利改造的物业，全面整合连片地块，引进更多有规模高效益、推动经济发展的优质项目，增添创收驱动。

（二）狠抓产城相融“不慢”。在项目推进上，要围绕巷头花园加大项目推进力度，对接好产业提升和城市升级两手抓的大朗特色“产城相融”之路。今年，是实现建成入住巷头花园的最后目标期限，必须要进一步增强与时间竞赛的决心，抢抓时间，争分夺秒，加快进度，无论面对任何困难都一定要在今年建成巷头花园，向广大居民兑现承诺。对于花园的劳资纠纷，我们要主动介入，在核实情况下先行垫付工程款，为花园建设提供稳定的建设环境。同时，为确保花园建设资金到位，对购买集体物业的，一经签定合同，10天内必须要付清款项。要加快巷头花园“商住楼”、“商贸城”建设，尽快完善配套好花园建设，推进城市建设，提速城镇化步伐。2015年，镇政府将投资一亿元升级改造金朗路，要抓住这次改造机遇，加快豪华酒店铺位进度，推动沿线商业发展。在项目落地上，要加大项目跟踪力度。目前，毛织人才公寓、“工改工”项目、名村项目、茶叶市场等改造项目已有建设方案，但仍处于相关手续办理或指标调整阶段，接下来要与相关部门加强沟通，加快手续进度，推动项目早日落地建设，提升产业环境和城市建设，深入推进松朗一体化。在统筹规划上，要加快规划发展步伐。今年，我们结合社区发展实际，利用储备回来的地块定下了几个项目，并制定出初步规划方案，一是凯旋门地块建设三幢8层高楼宇，用于商业发展。二是大岭吓地块建设代工业厂房，用于厂房仓储两用，首层商铺方案仍需进一步探讨研究。三是盈纺厂区靠中熙地产一侧建设农贸市场，旧厂房改造为宿舍，配套好电商发展的生活设施。四是建设豪华酒店新宿舍楼，建筑面积12800平方米，主体8层（13层基础），现进行图纸设计，工程预期在2015年3月开工。五是在原食餐饱改造建设红旗商业广场，计划建设17层高，地下室一层，用于发展商业。

（三）狠抓产业提升“不懈”。在“产业提升年”，产业转型升级是核心环节，在产业发展上我们要抓好两个方面：一是在毛织产业上加强推进。加快推进纺织创意产业中心、环球贸易广场等毛织业配套项目建设，在招引企业上要侧重以研发设计为主的毛织企业，提升毛织产业集群水平，以品牌建设推动毛织业向高端环节延伸发展，配合政府打造毛织产业“升级版”。二是在配套产业上加强推进。继续加快电商大厦建设，完善生活设施，提升电商产业发展环境和生活配套，以及加大政策扶持力度，推动本土电商人才就业创业，着力打造“中国毛织电商第一村”，推动做旺线上线下双向互动的毛织产品销售市场，促进传统、新兴产业融合发展。着力提升物流产业集群水平，以“工改工”项目为抓手，加强招引力度，引进毛织、电商、物流等知名大型企业，强化产业集群发展实力和竞争能力，进一步满足补充产业间的配套需求。

（四）狠抓社会治理“不软”。2015年是实现目标的重要时期，社会治理作为实现目标的必然要求，其护航作用显得尤其重要。一是硬抓治安管理。治安网格化管理已成为我社区2015年的年度目标工作，自方案探索阶段至今，已有半年多时间，网格化管理不能再停留在方案文件上，要在执行落实上全面铺开和推进。以社会治理综合办的成立为契机，把网格划分落实好执行人员，建立一支“一组多能、一人多职”、集各种社会管理业务于一身的综合管理队伍，按制度流程落实管理工作，把网格化管理在社区全范围内全面推行实施，并做好网格登记信息更新，实行动态监控。针对发案多、监管弱的治安黑点，在视频监控上继续深入推进，计划加装30个视频监控。二是硬抓安全生产。过去一年，在火灾事故数量上对比其他社区、村，我社区是最多的，形势相对严峻。新一年，我们要吸取各类重特大火灾事故的教训，加强各行业重点对象的消防安全排查，同时切实做好各项安全生产整治工作，坚决杜绝重特大安全事故发生，维护社会安全稳定。三是硬抓环境卫生。上一年广东登革热突破4万例，疫情蔓延严重，我们要针对登革热坚持做好灭蚊工作，加强防蚊灭蚊，防止登革热对我社区造成重大损失和影响。

（五）狠抓民生事业“不怠”。一是推动教育再创佳绩。过去一年，我社区教育事业取得喜人成果，在硕士研究生、重点本科人数上实现大幅提升，奖学金额更达到历年新高。下来，我们要继续加大教育投入，坚持办好暑期大学生培训班，力求在教育事业再创新高。二是推动文体实在惠民。要办好各种文化活动，丰富居民文化生活；坚持加强体育事业发展，在篮球运动上加大投入，办好寒假、暑假篮球培训班，增强整体竞技水平，力争在篮球事业上做出突破性成绩。

（六）狠抓党建工作“不放”。一是坚持干部作风严抓不放。在教育活动中，两委干部的作风建设得到了一次大提升、大整顿，下来，我们要进一步巩固成果，坚持作风建设常态化，以良好的作风保障社区各项发展工作快速务实推进。二是坚持行政作风严抓不放。继续加强党员、行政人员的教育学习，坚定践行群众路线的决心，增强为群众服务、服务好群众的自觉性和积极性，尤其是行政人员，更要抓好自身作风建设，以良好的窗口形象为群众提供优质的服务，真正做到为民办事。三是坚持驻点工作严抓不放。继续开展好驻点直联工作，解决群众反映的问题，打通联系服务群众“最后一公里”。

同志们，2015年目标既定，部署明确，各项发展充满着挑战和机遇。要实现新一年的目标，在“产业提升年”再创新业绩，我们必须要全面贯彻党的十八届三中、四中全会精神，以更进取的创新精神，更高涨的创业激情，凝聚力量，团结拼搏，主动适应新常态，快速高质推进“两城一区一体化”，为早日实现高水平崛起而努力奋斗！

最后，我祝大家新年快乐，身体健康，万事如意！谢谢大家！

在巷头社区党的群众路线教育实践活动总结大会上的讲话

陈柱权

（2014年10月14日）

尊敬的叶建华副局长，各位督导组成员，同志们：

自今年2月教育实践活动启动以来，在镇委实践办和第13督导组的悉心指导下，在全体党员群众的支持配合下，我社区严格按照“照镜子、正衣冠、洗洗澡、治治病”的总要求，紧紧围绕“为民务实清廉”的主题内容，注重加强组织领导，坚持开门搞活动，聚焦“四风”问题，紧抓作风建设，教育活动不断引向深入，扎实推进，成效显著，达到预期目的。下面，我就开展教育实践活动情况作一个全面总结，重点有四个方面：

一、加强组织领导，迅速动员部署教育实践活动

我社区按照中央、省市镇的文件精神和镇教育实践活动的部署和要求，成立教育实践活动领导小组，陈柱权书记为组长，陈冠强副书记、陈钜宁副主任为副组长，其余两委干部为成员，并制定《巷头社区党工委深入开展党的群众路线教育实践活动实施方案》。于2月27日，召开群众路线教育实践活动动员会，并对两委班子进行民主评测。整个教育实践活动长达8个月。

二、促学习听意见，扎实开展“学习教育、听取意见”

（一）加强学习，提升活动思想认识。认真组织开展学习教育，切实提高党员干部群众对教育实践活动的认识。一是两委班子牵头学。通过每周一的两委会议加强学习习近平总书记系列讲话精神，积极参加镇“主题党课”和相关培训，提高对教育实践活动的思想认识，增强践行群众路线的自觉性和积极性。二是发动党员主动学。组织全体党员观看学习《焦裕禄》、《第一书记》等专题片、学习习近平总书记系列讲话精神，共举行学习活动14次，累计参加人数达3422人次。开展“考学”活动，参与人数达206人次。

（二）听取意见，增强教育活动广度。一是通过会议谈话征求意见。召开党员、居民代表、群众代表等不同对象的会议、座谈会、个别谈话，围绕“四风”问题、群众利益问题、最后“一公里”问题听取收集群众意见建议。二是通过走访活动征求意见。以走访入户形式上门征求意见，提升听取意见广度，累计走访次数达58次。三是通过党代表工作室征求意见。通过“走近群众，问计百姓”、“党代表课堂”等主题活动和接见工作，广泛征求意见。通过以上方式共收集整理出20多条意见建议。

（三）边查边改，促进教育活动惠民。结合自身查摆和群众提出的问题，列出清单，建立台账，边查边改，落实人员跟踪，实行动态管理，解决一个“销账”一个，回应群众期盼，取得群众信任。整改台账上6个问题已全部销账。

三、紧抓“两会一评议”，从严从实“查摆问题、开展批评”

（一）严抓环节工作，做好做实会前准备。按照镇委“五个不开会”的要求，我们从严从实好各项会前准备工作。一是坚持学习教育。我们两委干部重点加强学习习近平总书记在兰考调研指导教育实践活动的讲话，为开好专题组织生活会夯实思想基础。二是开门搞好活动。聚焦“四风”，以会议、走访、接见等形式广泛征求意见，梳理好领导班子“四风”问题。三是从严查摆问题。根据督导组的谈心谈话提醒材料，逐项对照，深刻反思，做到不遗漏、不遮掩、不回避，努力把自身“四风”问题找准找全。四是开展谈心谈话。按照“四必谈”要求，以个别面谈、集中座谈方式开展谈心谈话，着力找准“四风”问题，深挖问题根源，做到敢于“揭硬伤”、“亮软肋”。谈心谈话共开展35次，参加人数23人次。五是认真撰写提纲。由书记亲自撰写领导班子和自身的对照检查材料，各班子成员也亲自撰写个人对照检查材料，深入查摆“四风”问题，深刻剖析原因，明确整改措施。材料修改次数达5次，质量得到有效保证。

（二）落实“两会一评议”，致力做出活动实效。一是开好组织生活会。在专题组织生

活会上，由我代表班子作出对照检查，并率先带头开展自我批评，党工委各成员也逐一作出认真诚恳的自我批评，摆出“四风”问题，深刻剖析原因，明确整改措施。党工委成员之间也进行相互批评，互提不足和意见，开门见山、直言不讳，真亮丑、真批评，辣味十足，取得“红红脸、出出汗、排排毒”的效果。二是召开情况通报会。对生活会情况和班子“四风”问题进行通报，听取党员意见建议，完善补充“四风”问题。三是开展民主评议。认真对照党员标准，查摆党员自身不足。

四、严抓“两方案一计划一清单”，务实推进“整改落实、建章立制”

（一）制定“两方案一计划一清单”。准确把握集中力量整改“四风”突出问题、下大力气解决关系群众切身利益问题、攻坚克难解决好基层联系服务群众问题等整改内容，从严从实做好整改落实、建章立制工作。一是制定领导班子整改方案和个人整改清单。在对照检查材料的基础上，结合查摆出来的“四风”突出问题，制定领导班子整改方案，列出个人整改清单，明确整改目标、措施、责任和时限。在领导班子整改方案上，制定出11项整改内容和措施；在个人整改清单上，列出5项以上整改问题。二是制定专项整治方案。结合自身实际，确定整治行政作风问题、整治环境卫生问题2项专项整治任务，并制定专门整治方案。三是制定制度建设计划。我们按照“务实、管用”原则，围绕解决“四风”方面突出问题，认真制定制度建设计划，建立健全行得通、指导力强、能长期管用的制度机制，推动改进作风规范化、常态化、长效化。我社区制定10项制度计划。

（二）加强督查力度，确保整改成效实在。坚持敞开大门搞整改的原则，把“两方案一计划一清单”进行公示，广泛接受群众意见和监督，务求将整改工作置于群众监督之下，以真转实改的行动取信于民。同时，班子成员实行互相监督，盯紧盯牢，推动整改措施高效落实，确保不“走神”，不“散光”。

在整个教育活动开展过程中，督导组不断给予我们指导和帮助，全体党员群众积极参与、建言献策，使整个教育活动不断深入推进，各环节工作落实到位，取得实在成效。在此，我代表巷头社区党工委，对傅永杰副镇长和督导组全体成员对我社区教育实践活动的精心指导和帮助，以及全体党员群众的大力支持和积极配合，表示衷心的感谢！

作风问题具有很强的顽固性和反复性，要形成优良作风不可能一劳永逸，教育实践活动的结束，并不代表我们的工作可以收官结尾。下来，我们必须要以“钉钉子”精神做好“四个坚持”，继续巩固扩大活动成果。一是坚持教育学习不放下。我们要继续坚持把教育学习摆在突出位置，贯穿各项工作，推进学习型党组织建设。要发挥领导班子示范作用，严格落实学习制度，以上率下，抓好抓实党员干部的学习教育，推进学习制度化、常态化，进一步深入学习贯彻习近平总书记系列重要讲话精神和群众路线核心内容，大力营造要学习、善学习的浓厚氛围，使践行党的群众路线的自觉性和坚定性扎得稳、站得硬。二是坚持作风建设不松手。我们要继续弘扬整风精神，借鉴此次活动中专题组织生活会的经验，认真运用好“批评与自我批评”这一强大思想武器，从严从实查摆班子作风问题，全力遏制“四风”问题复发。严格落实制度建设计划，切实建立完善各项制度，用制度机制固化整改成果，改进作风，用制度管住干部行为，规范权力运行，提升办公效率，优化工作质量，更要在制度执行上下足功夫，严格对制度执行情况的监督检查，保证每一项制度不落空，出实效。三是坚持整改落实不虚假。对第三环节制定的“两方案一计划一清单”，我们要以鲜明态度和真改决心做表率，以“准狠韧”的劲头严格抓好各项整改工作，坚持边查边改、立查立改，一件一件抓，一件一件改，改一件成一件，对已经整改的要形成常态化，防止反弹，正在整改的要加大力度、抓紧抓好，尚未整改的要尽快整改、落实到位。坚持开门搞整改，把整改全过程置于群众监督之下，形成上下联动抓整改的强大合力，巩固和拓展教育实践活动成果，善始善终做好活动收尾工作，确保整改成效让群众看得见、感受到、够满意。四是坚持活动经济两手抓。我们要坚持活动经济“两手抓、两促进、两不误”的原则，把活动的整改内容与经济攻坚工作有机结合起来，以务实肯干的作风力推动经济攻坚，尤其是在重点项目上，在建的要加快进度，力争早日完工，特别是巷头花园，未落地的要加大跟踪力度，加快相关手续办理，力争早日落地建设，为经济攻坚增添驱动，使“两城一区一体化”在我社区再次绽放发展成果。

同志们，贯彻群众路线没有休止符，作风建设永远在路上。在10月8日总结大会上，习近平总书记强调“活动收尾绝不是作风建设结束”。今后，我们必须要以锲而不舍、驰而不息的决心和毅力，把作风建设不断引向深入，严抓起来，以好的作风保障服务群众的工作质量，保障重点项目的稳步推进，保障经济攻坚的攻坚动力，为推动社区早日实现高水平崛起而不懈奋斗！

在大朗镇上半年经济形势分析会议上的发言

巷头社区 陈柱权

（2014年7月28日）

尊敬的胡书记，邓镇长，各位领导：

今年以来，在镇委、镇政府的正确领导下，在各上级部门的支持帮助下，巷头社区围绕“经济攻坚年”主题，以胡书记向我社区提出的“四个示范”为指引，全面贯彻落实“两城一区一体化”，坚持先行先试，力争快人一步，奋力创新前行，上半年经济发展平稳较快，稳中向好，经济攻坚初显成效。重点做法主要体现在三个“关键词”：

一、“整合资源”提升发展质量

上半年，社区集体总收入3646万元，同比增收379万元，增长11.7%。集体收入的增长主要来源于项目的创收，优质项目的落地需要资源充足的承接平台。我们按照胡书记对我社区提出的“要在整合资源上做出示范”的要求，着力收回合同到期厂房和一些合作用地，以及征收私人厂房等物业，形成连片地块，用来承接质量优、效益高、税收高的重大项目。目前已整合4块地块，分别是第一工业区的54亩地、第二工业区的160亩地、第三工业区的65亩地，以及巷头公园区的116亩地。第二工业区、巷头公园区的地块分别用于建设工改工项目、毛织人才公寓。项目建成后，将取得更好更高的效益，一方面，实现旧区改造，转变传统型厂房，增加集体收入，同时也优化发展环境，从产业环境对接好松山湖，促进松朗一体化；另一方面，服务好松山湖的白领阶层，解决住房问题，为社区经济发展留住更多高素质人才。另外，我们还计划在第一工业区建设占地54亩的工改商住项目，在第三工业区建设占地65亩的电子产业园。

二、“项目走前”加速城镇化进程

结合社区实际，我们坚持“规划先行”的特色做法，以大城市经营的科学理念，把项目走在前面，加快城镇化步伐。最受群众关注的巷头花园，现已进入收尾阶段，预计10月份可竣工验收。同时，我们围绕花园规划了四个项目，即巷头大厦、富康大厦、巷头花园“商住楼”、巷头花园“商贸城”。一方面优化城市环境，丰富城市功能，推动新型城镇化建设，增强招商引资吸引力，提升承接新发展、新机遇的发展平台；另一方面，可以增加集体收入，减轻社区发展中的经济负担。

三、“顺势转型”激发产业活力

一是打造毛织产业“升级版”。坚持以毛织产业为产业发展主心骨，跟踪好环球贸易广场、纺织创意产业中心等项目建设，加快推进进度，完善毛织商贸城核心区功能配套，为打造毛织产业“升级版”提供新动力。二是扶持发展电商产业。为配套服务好大朗电子商务产业中心，建成电商住宅楼，完善生活配套，优化电商服务，吸引电商人才进驻；研究扶持电商发展的优惠政策；建设建筑面积55000平方米、13层高的电商大厦，创建电商发展平台，为毛织产业向“微笑曲线”两端发展增添动力。三是提升物流产业水平。我们计划以“工改工”项目为依托，在着力引进研发设计为主的毛织企业的同时，也着手物色影响力大、实力雄厚的大型物流企业，以物流产业的提质发展为毛织产业、电商产业配套好，深化产业间的衔接互促发展，着力打造巷头“三大产业”。

以上是我社区经济发展的主要做法，下来，我们将坚持围绕镇委、镇政府的统一部署和发展方向，全力推进“两城一区一体化”，狠抓各项经济攻坚工作，为推动大朗在“经济攻坚年”取得重大成效贡献更多“正能量”！

我的发言完毕，谢谢大家！

在大朗镇“三纪”教育培训班上的发言

巷头社区党工委书记 陈柱权

（2014年9月1日）

尊敬的胡书记、邓镇长，各位领导，同志们：

参加这次“三纪”教育培训班，使我在思想上经受了一次特殊的洗礼，受到了一次深刻的教育。这也是近几年来参加各种廉政教育感触最深、震撼最大的一次。一方面，胡书记、邓镇长亲自辅导，谆谆教诲；另一方面，省纪委宣教室领导在讲课中，用曾经熟悉的人和事来说法，震动心灵，发人深省。现在，我就“为官不易、不可不为”、“敢担当”主题作个发言，主要有三点体会。

一、要以“为官不易”增强履行责任的意识

中央针对第二批党的群众路线教育实践活动提出，“为官不易”不能“为官不为”，要引导党员干部增强深化改革的思想自觉，增强攻坚克难的责任担当，增强一心为民的公仆情怀。“为官不易”，实质上就要求我们要端正自己的态度，摆正自己的位置，回归自己的本色与本位，时刻保持清醒的责任意识，把应尽的责任和义务落实到位。决不能把“为官不易”作为“为官不为”的借口，相反，我们要以“为官不易”严格要求自己，越是管束得紧、要求得严，越要认真负责，要以“为官作为”激励自己，勇立深化改革潮头，保持昂扬向上的进取心和干事创业的精气神，敢于担当、有所作为、不辱使命，切实执行“一把手”责任，力争在经济攻坚中做出佳绩，争当示范。本人作为巷头社区“第一责任人”，明确自身要主动承担起统揽全局的责任，并要把履行职责体现在实际工作中，特别要结合教育实践活动，在涉黄、信访、违建、计生等镇委提出的四个专项整治项目中，履行好“第一责任人”的职责，务求把整治行动抓出成效，为社区打好经济攻坚战提供坚强保障。

二、要以“不可不为”增强实现目标的动力

作为一名党工委书记、班子“一把手”、工作“第一责任人”，我深刻认识到，“为官不为”本身就是“四风”的突出表现，教育实践活动中反“四风”、正作风，就是要反对庸懒散软，因此，我们要提高“不可不为”的思想认识，切实树立忠诚履职、勇于担当、奋发有为的良好导向，真正把强宗旨、转作风与抓改革、促发展、保稳定、惠民生统一起来，以干事创业的担当和实绩取信于民。

我社区为贯彻“不可不为”，结合实际发展需求，定下了2014年实现集体收入增收500至600万元、2015年实现入住巷头花园、2016年实现“亿元村”等三个重点目标，为在实际工作中有所作为，每个季度、每年总结都向全体党员、居民代表汇报进度情况和存在问题，以党员群众的监督力量，增强干部“不可不为”、“主动作为”的工作动力，杜绝“为官不为”、“占位不干事”的现象。同时，我们已明确要求，对“为官不为”、工作拖拉、耽误工作的，该教育的教育、该批评的批评，绝不能姑息迁就、放任自流。

三、要以“敢担当”增强解决问题的动力

习近平总书记反复强调干部要有担当精神，指出敢于担当是党的干部必须具备的基本素质，有多大担当才能干多大事业。随着经济攻坚的不断推进，遇到的各种矛盾和困难会越来越多，攻坚克难的任务越来越重，这就要求我们要提振精神士气、焕发干事激情，敢撑“顶风船”，勇于负责、敢于担当、事不避难、忠诚履责，这样才能在“为官不易”的状态下有干劲、有建树、有作为。“敢担当”是推动发展建设之需。当前，我社区正处于深入对接“两城一区一体化”、打造巷头模式“规划先行”、全力打好经济攻坚战的关键时期，迫切需要两委班子勇于任事、敢于担当，主动在各种困难和问题前面“站出来”、“豁出去”。面对巷头花园资金紧张、社会治理形势严峻、发展资源出现瓶颈等制约发展的问题，我们班子能够发挥“牵头人”作用，主动承担解决问题，团结广大党员群众在解决问题上想办法、找路子、谋对策，并在各个问题上都取得了一定的阶段性成效，在经济攻坚上呈现“稳中有进”的态势。

全镇的经济攻坚战已到了关键时期，教育实践活动更到了决定性环节。我社区将以“为官不易、不可不为”、“敢担当”的精神状态和创业激情，敢于担当，勇于作为，赶超发展，在推进“两城一区一体化”、打好经济攻坚战上做出更大作为，为大朗实现高水平崛起提供有力保障！

我的发言完毕，谢谢大家！

大朗镇巷头社区农民公寓可行性研究报告

一、项目概况：

1. 项目名称：东莞市大朗镇巷头社区农民公寓。

2. 项目选址：东莞市大朗镇巷头富康路旁（土名：“石桥水”）。

3. 项目规模：项目规划总用地面积为128785平方米，总建筑面积334494平方米，其中，住宅建筑面积214621平方米，公共配套面积28281.027平方米，其它面积91591.548平方米。绿地率55.531%，人均公共绿地面积7.54平方米/人。总建筑密度11.152%，容积率为1.911。

4. 项目主办单位：东莞市大朗镇巷头社区居民委员会

5. 项目性质：高层住宅

6. 项目负责人：陈钜宁

7. 项目主办单位简介：

东莞市大朗镇巷头社区地处东莞市大朗镇中心区，临近松山湖，面积约3.4平方公里，辖下有13个居民小组，户籍人口4293人，1302户。巷头社区集体经济实力雄厚，2006年，社区人均收入17908元，村组两级利润2841万元，村两级集体总收入4279万元，村组两级集体资产净值40054万元。多年来，社区先后被市评为“市文明标兵社区”“文化建设达标社区”“市文明村”“固本强基工程市级示范点”“广东省卫生村”“全国亿万农民健康促进行动东莞市示范社区”等。社区重视干部队伍建设，完善社区管理组织体系。目前，社区居民委员会两委班子成员共7人，居民小组组长13人，居委会工作人员50多名。下设办公室、治安队、城建办、企管办、计生办、安全办、调解办、环卫办、劳动服务站、出租屋管理服务站、税务协管站和科普文化室等职能部门机构，有力地加强了社区的管理。

二、项目建设的必要性和可行性：

上世纪九十年代以来，我市的一些镇、村，结合本地实际，以农村集体为主导，组织农民开展旧村改造，建设农民公寓，推进农村城镇化的探索。经过十几年的实践，建设农民公寓，推动农民上楼，已经是大势所趋。农民公寓建设从农民自发探索，进入到政府规范管理的阶段。总的来说，我市建设农民公寓的进程是健康的，对于落实科学发展观，实现经济社会的可持续发展，提高农民的城市意识，推进农村城镇化进程，都起到积极的作用。

大朗镇是目前东莞农民公寓建设规模较大的一个镇，由于松山湖科技产业园开发建设的需要，位于松山湖科技产业园区内的宝陂村、佛新村、校椅围村等三条村需要整体动迁、异地安置。在镇政府的积极推动下，村民统一认识，按照城市型居住小区模式建设安置小区。在这些搬迁村的示范带动下，其他一些位于镇中心区的村委会的干部群众也逐渐感觉到的原有旧村庄因缺乏规划，带来社会治安恶化、居住环境恶劣、土地资源浪费等诸多问题，主动要求建农民公寓。

近几年来，大朗镇巷头社区的集体经济得到很快的发展，农民的生活水平得到很大的提高。“改善居住环境、提高生活质量”成为社区居民的共同愿望。但由于工业的迅猛发展，土地资源日益减少，农村传统的单家独院式住宅模式已经不适应城市发展的要求，也不符合《土地管理法》的有关规定，为了妥善解决居民的居住问题，进一步完善社区的居住环境，建设一个上规模、高标准、成熟的农民公寓居住区已成为巷头社区的当务之急。

此次对巷头社区“收（拆）旧建新”情况的具体办法和措施如下：

基本情况：我社区为贯彻落实市委、市政府开展整治旧村的工作精神，全面建设社会主义新农村，我社区在兴建农民公寓的同时，规划出旧区拆迁用地，此旧区面积为202亩，位于大朗镇巷头社区“银井”，同时位于我镇主干道莞樟公路边。包括燕京街、秧塘街、圆塘街、富康二街。此旧区属我社区的旧村整治的重点地区，旧区内有：旧厂房7间、平房278间、电房1间、影剧院1间。旧区内建筑物大部分建于90年代，建筑规划比较落后，建筑物残旧。拆迁计划项目主要用作将来较大型的经营性用地。

城市房屋拆迁既是实施旧城改造，加快城市基础设施建设，改变城市面貌的重要手段，又是改善群众居住条件和人居环境的有效途径。制定旧区拆迁计划，亦是为了补偿因兴建农民公寓而失去的发展用地，为将来我社区发展提供空间和促进可持续发展，加快城乡一体化进程，化解土地要素紧缺矛盾，利在长远。

具体办法和措施：

建设村居民公寓居住区要充分发掘城镇、村庄的土地潜力，利用原有建设用地，原则上不得占用新增建设用地。村居民公寓居住区选址如需占用新增建设用地的，有关村（社区）应先拆出与申请建设的村居民公寓居住区相等土地面积的旧村、旧厂用地，或通过治理“空心村”、整理闲置宅基地和空置住宅，清退“一户多宅”的住宅等方式，提供与申请建设的村居民公寓居住区相等土地面积的存量建设用地。要坚持“一户一宅”的原则，申请入住村居民公寓的村居民家庭要与村（社区）签订原有宅基地回收协议，同意交回与分得的村居民公寓面积相等的旧宅基地的土地，由村集体依法依规收回作为集体建设用地。待搬进村居民公寓后一段时间内，或有建设需要时，村（社区）将依据协议，向村居民收回旧的宅基地。镇政府、街道办对协议履行监督的责任。收回旧宅基地时，地上房屋另行按规定作价赔偿。

建设村居民公寓拆出的旧村用地或旧厂用地，应严格按城镇总体规划和旧村利用改造规划规定的性质使用，可用于发展二、三产业，鼓励用于建设公园、绿地等开敞空间，增加城镇公共空间，或用于建设市政设施和公共设施，改善城镇环境。

三、巷头农民公寓项目的规划建设具有现实和长远的意义：

1．改善区域环境，提升居住品质

随着巷头社区经济的快速发展，改善区域环境已成为巷头社区居民委员会重点关心的部分；而能住上现代化的高层住宅也成为巷头居民的期盼。发展适合自身需要的农民公寓成为解决上述问题的核心。

随着人民生活水平的提高，人们对住房的需求不仅仅满足于有一个基本的居住条件，人们现在更加重视居住的质量，居住的环境（包括室内环境和室外环境），本小区的建房目标就是要建造适合人们居住生活的良好的环境。本小区的建设不但可以为社区居民提供高质量的住房，提供现代化的完备的公共配套，还给该地区的人文、自然环境带来巨大的改善。

2．能够创造就业机会，促进社会经济发展

当前，东莞经济正受到外来“金融海啸”的冲击，外向型企业和服务型企业的生存环境遭遇严峻的考验。创造就业机会也成为东莞政府最为关心的问题之一。由于该项目的建设，将在一定程度上带来就业机会。项目的建设过程将会给包括设计院、施工单位、监理单位等提供许多机会。项目建好以后，要想维护小区良好的室外环境，必须安排专业人员进行维护，这就给物业公司提供机会。可见，本项目的建设将会给社会提供一定的就业机会。且项目的建设与实施不会对当地居民的生活产生负面影响，不会对当地交通、环境产生破坏作用。

四、项目的规划和实施：

1．项目的用地规划

大朗镇“一个城市中心区、四大经济板块”的发展战略，其中主要的任务就是要加快城市中心区的建设，并规划商业、金融业、居住类的项目向中心区聚集，以建设“中心突出、功能完善、生态文明、宜商宜居”的现代化城市。本项目建设用地位于中心区，符合总体规划的要求，符合城市规划，符合控制性规划。用地规模符合国家用地定额标准，属允许供地项目，地质环境符合建设要求，并通过东莞市国土资源局用地预审。

2．土地占用规模及规划情况

本项目是居住及配套于一体的农民公寓项目。项目规划总用地面积为128784.967平方米，总建筑面积334493.738平方米，其中，住宅建筑面积214621.163平方米，配套公建面积28281.027平方米，其它面积91591.548平方米。总建筑密度11.152%，容积率为1.911。

3．项目的招投标及其他

项目属集体经济性质，需要进行工程招标。拟采取公开招标方式进行。

4．项目的环保措施

项目运营期环境影响较小，基本上没有污染，并采用分流式设计，安装建设排污和水排放设施，符合国家环保标准和环境保护有关规定和要求，本项目的环境卫生有专门的部门进行管理和处理，场区内垃圾有专人清理，

巷头社区农民公寓项目规划主要经济技术指标表

表24

序号	名称		单位	指标值
1	规划总用地		平方米	128784.967
2	总建筑面积		平方米	334493.738
3	其中	住宅建筑面积	平方米	214621.163
		配套公建面积	平方米	28281.027
		其它面积	平方米	91591.548
4	地上建筑面积		平方米	257569.812
5	地下建筑面积		平方米	76923.926
6	计容建筑面积		平方米	246061.728
7	不计容建筑面积		平方米	88432.010
	其中	地下（半地下）室不计容面积	平方米	76923.926
		其他不计容面积	平方米	11508.084
8	容积率			1.911
9	首层建筑占地面积		平方米	14361.611
10	建筑密度		%	11.152
11	总绿地面积		平方米	71516.130
	其中	公共绿地	平方米	32368.941
		其它绿地	平方米	39147.189
12	绿地率		%	55.531
13	人均公共绿地面积		平方米/人	7.54
14	机动车总泊位		辆	2414
15	室内泊车位		辆	2197
16	室外泊车位		辆	217
17	最大层数		层	24
18	最高建筑总高度		米	74.25
19	总户数		套	1096
20	居住人口		人	4293
	人均用地面积		平方米	29.999
	人均建筑面积		平方米	49.993

说明：总户数和居住人口两项数据，由巷头社区按实际需要统计后提供

巷头社区农民公寓控制指标对比表

表25

指标名称	控制性数值	本项目数值	对比结果
用地性质	二类居住用地		符合
用地面积	128784.967平方米		符合
容积率	≤2.0	1.911	符合
绿地率	≥30%	55.531%	符合
建筑密度	≤30%	11.152%	符合
最大层数	25层	24层	符合
最大高度	100米	74.25米	符合
人均用地面积	≤30平方米	29.999平方米	符合
人均建筑面积	≤50平方米	49.993平方米	符合

说明：本项目符合规划的控制性经济技术指标

环境保护符合要求。

虽然本项目的开发建设和营运将会对沿线地区的生态环境和居民生活质量产生一定的影响，但不会产生大量或污染严重的“三废”物质，只要认真落实本报告所提出的各项环保措施，并加强污染治理设施的运行管理，本项目所产生的负面影响是完全可以得到有效控制的，并能为环境所接受，符合国家、地方的环保标准。因此，从环境保护角度论证，项目建设是可行的。

5．消防安全

按照国家消防条例要求，设置消防设施及配备消防工作人员，购置充足的消防设备，投入足够的资金做好消防安全工作。

五、项目的投资构成及资金来源

项目总投资为52745元，包括①勘察费193万元，②设计费836万元，③建筑工程费用39487万元，④安装工程费用7897万元，⑤设备费1185万元，⑥建设监理费用669万元，⑦室外工程费711万元，⑧其他费用481万元，⑨不可预见费1286万元。

以上所有资金由东莞市大朗镇巷头社区居民委员会自筹，并承担项目的全部风险和盈亏。

六、经济效益和社会效益分析

本项目位于大朗镇中心区，对区域经济着实有好处。

第一，本项目居住人数较多，有利于中心区人口集中布置，对促进中心区商圈的发展有利。

第二，本项目建成后，将会对原有宅基地回收并统一由镇、村协调管理，这对整合土地资源再发展奠定基础。

第三，有利于区域的功能分工。项目建成后，将会形成新的居住区，原有宅基地可用于发展工业（尤其是毛织业），有利于巩固加强毛织业的经济地位。

七、结论

综上所述，东莞市大朗镇巷头社区农民公寓项目是东莞市大朗镇巷头社区居民期盼已久的，是东莞市大朗镇巷头社区居民委员会深思熟虑后提出的。项目符合大朗镇总体规划的需要，具有良好社会经济效益的。项目目前的各项建设条件落实，该项目切实可行。

东莞市大朗镇巷头社区
居民委员会
二〇〇九年十月八日

巷头社区打造中国毛织电商第一村发展规划方案

（2014年10月）

巷头社区打造中国毛织电商第一村的背景材料

1．2013年5月巷头被中国纺织联合会评为“中国毛织第一村”称号；

2．2013年7月，大朗镇委镇政府投入200万元建设大朗电子商务产业中心，2013年11月大朗电子商务产业中心正式对外招商，2014年8月，产业中心招商完毕，共有约70家毛织电商进驻。

3．2014年6月，大朗镇政府与阿里巴巴集团签订毛织产业带合作协议，该产业带将集聚我镇及周边地区共500家毛织电商企业上行销售。

4．2014年8月，东莞市政府印发《东莞市电子商务专项资金管理暂行办法》，大力扶持东莞市电子商务发展，鼓励建立专业园区，形成产业集聚。

5．2014年8月，大朗电子商务产业中心被授予“东莞市跨境贸易电子商务产业园”牌匾，成为全市第四个获得此荣誉的电商服务平台。

6．2015年，巷头社区电商大厦将建成并投入使用。

一、广东电商村形成背景

“电商村”：根据阿里巴巴研究中心定义，“淘宝村”指大量网商聚集在农村，以淘宝、天猫等主流电商平台为主要交易平台，形成规模效应和协同效应的电子商务生态现象。

从“专业镇”到“淘宝村”再到“电商村”。偏居粤东的揭阳军埔村，正在进入产业的更新换代和转型升级，这为镇域经济、乡村经济转型升级开辟新路，为粤东西北依托珠三角延伸产业提供选择路径。目前，只有490户人家的军埔村已有200多户约490人，依托揭阳金属不锈钢制品、服装、玉器等六大传统优势产业，在网上开1350多家网店，全村网店日交易量约20000笔，日成交金额近100万元，目前，全村网上交易额已达到每月达4500多万元，已成为颇具规模的“淘宝电商村”。

“电商第一村”——揭阳军埔村电商氛围形成的基础。第一，政府政策支持。军埔村所在的锡场镇政府以1000万元的贴息贷款，助力“中国电商第一村”建设提速。第二，政企联动。当地政府扮演社会服务提供者的角色，而非市场运作的主导者。引导军埔村与普宁国际服装城合作，共同投资1000万元成立电商服务公司，提升当地电商服务水平。第三，组织架构完善。为推进电子商务发展，打造“军埔电商第一村”，由广东省经济和信息化委员会、揭阳市人民政府指导，揭阳市成立“电子商务第一村”指导小组，领导小组下设办公室于军埔村，助推“电商第一村”建设，切实解决军埔村在电子商务发展中遇到的难题。

二、巷头社区毛织电商发展的现状

一是大朗镇电商现状。目前，根据大朗电子商务协会的统计数据，今年1～7月份全镇电子商务销售额总额30亿元，到今年年底，全镇电子商务企业将超5300家，全镇电子商务销售总额将超60亿元，其中毛织电子商务销售总额近34亿元。

二是巷头社区毛织产业发展现状。据统计，巷头社区辖区内现有毛织生产企业近1000多家，几乎家家户户都有人从事与毛织相关的工作，村民收入的90%来自毛织产业，巷头社区是大朗最重要的“毛织产品发源地”“毛织产品销售基地”“毛织产品集散地”。巷头社区在推进毛织产业转型升级方面有较丰富的经验，对大朗毛织产业集群整体发展有很强的推动作用，在同行中也非常具有代表性。在毛织产业转型升级方面，巷头社区为配合10平方公里毛织商贸城建设，在富康路西侧近毛织贸易中心附近规划135亩地建造毛织辅料专业市场，同时做好与毛织产业的对接，利用大朗毛织贸易中心及毛料、毛辅料商业街的辐射，重点打造毛料及毛辅料专业街，延伸产业链条，积极支持毛织业发展，做强做大做优毛织业。

三是巷头社区毛织电商现状。据统计，在巷头社区辖区内，共集聚约1500多家的毛织电商商家，仅毛织贸易中心和兴业华庭花园就集聚近600多家的毛织电商。巷头社区地处10平方公里的毛织商贸圈中心，依托巷头社区辖区内毛织产业的集群优势，围绕毛织为核心类目，能够为大朗镇及周边地区毛织企业，构建一个完整的电子商务生态环境，提供各项专业化的毛织电商服务，巷头社区在以打造中国大朗毛织电商第一村的战略目标上，有着得天独厚的地理优势、货源优势和产业链优势。

三、巷头社区电商产业发展规划

大朗镇委镇政府十分重视电商发展，投入200万元建设大朗电子商务产业中心，给予10年的优惠租期。大朗电子商务产业中心总建筑面积约2万平方米（其中企业服务和办公区域12800平方米、仓送中心为7000平方米），以搭建“五大平台，九大服务”为抓手，设有“人才培训中心、网商孵化中心、大学生创业中心、一站式服务中心、物流仓送中心”五大平台，为电商企业提供一站式服务，是我镇毛织电商孵化平台。目前，该中心已经完满招商，共集聚约70家电商公司，今年8月大朗电子商务产业中心被授予“东莞市跨境贸易电子商务产业园”牌匾，成为全市第四个获得此荣誉的电商平台。

巷头社区乘着东莞市大力发展电子商务的东风和大朗镇成功打造大朗电子商务产业中心的经验，推出打造中国大朗毛织电商第一村战略目标，有利于扩大巷头社区在全国毛织产业的行业地位，有利于集聚一大批毛织电商在辖区内经营，有利于本社区村民创业就业，更有利于巷头社区集体物业的保值增值。

巷头社区计划5年内，打造中国毛织电商第一村宏伟蓝图目标，通过加大电商投入力度，通过打造毛织电商实训基地、电商大厦、电商人才公寓和毛织电子商务孵化园区等软硬件设施投入，助力大朗毛织电商提速起航。

（一）打造毛织电商实训基地（2014年底建成）

众所周知，转型电商，人才先行。为紧跟日新月异的市场发展形势，结合电商新业态的发展趋势，巷头社区联合知名企业打造全国首家以毛织电子商务为主题的“电子商务创业实训基地”，旨在为本社区乃至大朗周边镇街有志从事电商的人员，提供一个良好的创就业实训平台和相应的创业指导服务，让学员在实训基地期间可以边工作边学习，做到“工学合一”，在强化电商专业技能的同时，积累一定的电商实训工作经验，推进本社区的村民结合我镇毛织特色产业，就地创业就业。

巷头社区拟打造面积为3000平方米的电商实训基地，该基地由实训中心、产品展示中心、拍摄中心、选品中心、创业中心以及物流仓储中心等六大功能区组成，通过整合辖区内知名的毛织企业货源优势，为基地学员创业提供充足的货源，产品均来自我镇有实力的毛织企业，确保质量和价格优势。另外，在基地内创业可以实现“零库存”开店，实训基地还将与多家物流公司合作，拥有庞大的物流体系做保障；其次，社区村民实行零成本创业。本社区村民可以从相应的合作银行进行无息贷款，让创业不花一分钱；另有资深行业专家全程指导，创业导师和外聘专家将在村民创业期间提供全程指导和帮助，同时邀请镇内较为成功的毛织电商，言传身教，手把手培训，充分保障创业成功率。根据我镇毕业生每年毕业人数粗略核算，该电商实训基地每年能培养本地技能应用型电商人才400名，其中应届毕业生约50名。

（二）建设电商大厦（2015年底投入使用）

在大朗电子商务产业中心招商成功的基础上，巷头社区将乘胜追击，加大投入，建设近50000万平米，楼高8层的电商大厦，用足用活省市有关电商扶持政策。建成后的电商大厦将拥有多功能会议厅、休闲区、餐饮区、活动中心、综合服务中心等完善的商业配套。该大厦将重点引进电商产业中心孵化出的中大型电商企业进驻，同时注重培育毛织跨境电商企业，引进各种跨境电子商务运营商和第三方电商服务机构，为入住客户提供法律顾问、信贷、跨境外汇支付、翻译、跨境电商代运营等一站式服务。同时将建设巷头社区大学生电商创富中心，为本社区每年毕业的大学生免费提供创业场所。

作为打造中国毛织电商第一村的巷头社区，电商大厦建成后，将吸引超过100家的毛织电商企业进驻，根据企业进驻情况，巷头花园片区届时将集聚约1000多名电商人才，形成浓厚的电商人才生活工作片区，电商人才洼地。

（三）建设电商人才公寓

（2015年底投入使用）

依托巷头花园的建设，巷头社区将推出包括过渡房、电商公寓、公租房在内的约200套，总建筑面积约1.3万平方米的“电商人才公寓”，建成后的公寓，将配备空调、数字电视接入、宽带网络以及淋浴间等基本设施，在辖区内注册的毛织电商企业将拥有申请租用居住的优先权，同时极大的方便周边生活工作的毛织电商人才集聚，形成气氛浓厚的电商人才村。

（四）建设毛织电子商务孵化园区（约30亩，待批）

毛织电子商务产业孵化园以毛织、服装行业为核心，走专业化、规范化、规模化的发展思路，筹备区域面积约30亩，五年内分二期建设完成。一期建设面积约10亩，共六栋大楼，计划在2016内完成建设，吸引100家以上网商入园，并在2016年争取申报国家级毛织电子商务示范基地。二期建设面积约20亩，共10栋大楼，计划将于2018年建成投入使用，吸引100家左右的中大型网商企业入园。除吸纳数百家中小毛织电商进驻外，园区还将引入电商联合运营中心、跨境电商运营平台，开设淘宝大学培训基地，与阿里巴巴、淘宝、天猫、京东、当当网等国内知名的运营商展开线上线下全面合作，推动虎门服装电商品牌整体发展，打造“中国毛织电商高地”。

1. 园区建设规划。为更好地开展毛织电商园的规划建设，巷头社区成立毛织电子商务产业孵化园有限公司，联合国内知名电商策划公司问道电商共同谋划建设中国毛织电商第一村蓝图。根据大朗电子商务产业中心近总面积20000平方米的招商经验，从2013年7月开始建园到11月正式对外招商，仅用7个多月时间就完满招商，近70家毛织电商企业进驻产业中心。毛织电商产业园区规划一旦通过镇委镇政府用地指标审批，由于该园区在毛织贸易中心正对面，毗邻巷头社区毛织休闲公园，地理位置优越，周边配套完善，园区的建设将进一步推进10平方公里的毛织商贸城建设，对打造中国毛织电商第一村目标有着正面积极意义。毛织电子商务产业孵化园将引入杭州网商园区成熟的运营经验和先进的管理理念，并结合本地毛织特色产业、发挥自身优势，在两至三年时间内，园区规模将达到5万平方以上，园区网商数量超过500家，年销售规模突破30亿元，缴纳税金超亿元的园区，将毛织电子商务产业孵化园建设成为国内最有影响力的毛织电子商务产业园区。

2. 毛织电商产业园的优势。毛织电子商务产业园集聚第三方服务商、产业环境、信息平台、政策资源等各方面的优势，结合电子商务企业存在的共性需求，量身打造符合毛织产业特性的专业园区，整合资源、集成服务，全面打造电子商务产业链，在为入园企业降低成本、提高效率的同时，推动所在区域电子商务产业的健康发展。毛织电子商务产业园的具体优势体现在：

（1）人才集聚：通过网商集群，实现人才的聚集效应，吸引更多的电商人才流入。同时，园区内网商可以便捷的交流与学习，并且通过引入公共培训资源为网商人才的专业化、系统化培养提供解决方案。

（2）第三方服务：围绕网商经营需要的第三方服务资源，电子商务产业园区积极引入相关企业，包括：摄影、美工、培训、推广、代运营、物流等配套服务，并且利用园区的规模和政策优势，降低第三方服务的成本。

（3）信息互通：电子商务行业是个快速变化的行业，如何获得行业的最新信息，是提升网商经营效率的重要一环。产业园一方面加强内部网商的信息共享，另一方面积极拓展和平台相关负责人、行业专家的对话交流，从而保证信息的高效传播与沟通。

（4）场地优惠：电子商务产业园的场地根据网商经营需要，统一规划和建设，比住宅或普通写字楼更加适合网商对办公环境的要求，同时，在政府的大力支持下，产业园场地以明显低于市场价格的方式优惠提供给网商，有效降低网商的租金成本。

（5）扶持政策：产业园区直接对接政府的支持，除房租外，在产业保护、人才引进、企业融资、税收优惠、企业奖励等方面都能优先获得政府的政策支持，为网商的做大做强提供有力保障。

3. 园区软硬件配套建设。毛织电子商务产业孵化园将为扶持入驻网商的成长，提供丰富的软硬件配套支持，包括：

硬件：全新装修的办公场地、电信双路光纤宽带入园、网拍基地、培训中心、交流沙龙区、休闲区、第三方仓储物流区。

软件：房租优惠政策、税收优惠政策（根据国家政策执行，园区内部进行激励和补贴）、优秀网商的扶持与奖励政策、搭建园区网商与外部平台、优秀网商的交流平台、每月一次的公共培训与交流课程、每周一次的电商园交流沙龙，等等。

四、社会效益和经济效益

面对毛织出口贸易不景气，电商已经成为毛织企业升级转型的最佳机遇，线上交易形式已经成为拉动中国内需的主流形式，形成全面倒逼传统零售业态升级。毛织电子商务产业的兴起，在于网络经济市场规律的力量推动。巷头社区发展电子商务，结合电商投资成本低、产业链条长、带动效应强、能够扩大和促进本社区年轻闲散劳动力就业、维护社会稳定、发展农村多元化经济等诸多特点和好处，辐射带动附近各村及毛织商贸城周边地区相关产业的发展，拉动当地物流、餐饮、包装加工等行业的发展，本社区村民的收入将得到快速的提高，取得显著的经济效益。同时，随着毛织电商经营规模不断扩大，能够吸引一批待业大学生和青年、退伍军人回村开网店自主创业，取得良好的社会效益。

1. 促进电商人才集聚。巷头社区通过打造中国毛织电商第一村蓝图目标，将会在3年内以毛织贸易中心为圆心3平方公里的辖区内，集聚近1000家的毛织电商企业，集聚近5000名电商技术人才的人才洼地，成为国内首个“真正意义上的毛织电商基地”。

2. 提高毛织商圈整体价值。为鼓励电商集中经营形成集聚效应，目前，巷头社区全力建设电商大厦，通过降低准入门槛，吸引分散的中小电商集中进驻。据了解，大朗毛织贸易中心一楼的铺位租金约45元/平方米，二楼约30元/平方米，三楼产业中心现租金为6~7元/平方米，通过打造中国毛织电商第一村蓝图目标，以及毛织电商和电商人才的集聚，有望进一步提高毛织贸易中心的整体价值，有利于提高巷头社区集体收益。据虎门电商产业园建设经验，随着电商产业园的建成使用，虎门电商产业园由原来旧厂房改造前的15元租金，目前租金不低于20元/平方米的价格出租，租金提升近三成。

3. 促进村民就业创业。电子商务蓬勃兴起，大学生就业形势的严峻，而网络经济成本低、风险小、易操作，且大学生电商创业门槛低、就业前景广阔，就业多元化，打造中国毛织电商第一村所形成的电商生态商圈，有利于本地大学生结合毛织产业自主创业。在电商创业过程中，普遍会选择“网上销售”这种“投资少、门槛低、见效快”的电商创业模式，更适合巷头社区的大学生自主创业，通过在淘宝、天猫等第三方平台开店，结合巷头社区毛织货源优势、价格优势，更容易实现盈利。

巷头社区通过扶持电商实训基地建设，让本地大学生在实训基地内创业，通过电子商务实验课，实战操作网上运作流程，鼓励通过毛织项目开展和学习自主创业活动；结合“基地+学生”、“企业+学生”、“项目+学生”、工作室、实体公司等模式，以落地企业实战、创业就业导向为特色，使本地大学生提前积累实战经验，熟悉企业运作模式，增强创业意识，提升创业能力。据统计，巷头社区每年有近40名大学生，通过系统化的电商培训，有望实现全员就业。

五、展望

巷头社区打造中国毛织电商第一村所形成的电商生态商圈，以毛织行业为核心，结合毛织特色产业货源优势、技术优势和人才优势，在5年时间内，具备打造中国毛织电商第一村的实力，建成后，中国毛织电商第一村所形成的电商规模将在全国毛织同行中名列前茅，形成达20万平方米建筑面积以上的电商孵化基地，集聚数量超过2000家的网商，从而加速毛织业实现“数字化设计、数字化生产、网络化销售”新模式，届时该片区有望将实现毛织产品网上年销售额达20亿元的规模，成为国内最有影响力的毛织类电子商务产业基地，并争取申报国家级毛织产业电子商务示范基地。

（陈志强　陈建强　陈炽驹　陈妙芳）

索 引

说 明

1. 索引采用主题分析法编制，主题词按汉语拼音字母顺序排列；
2. 类目未作索引，分目采用黑体字，条目采用宋体字，表格采用楷体字；
3. 主题词后的数字表示内容所在页码，数字后的a、b、c分别表示该页码的左、中、右栏。

E

F

G

H

J

K

L

M

N

P

Q

R

S

T

W

X

Y

Z